Königsfarn & Engelwurz

Königsfarn & Engelwurz

Pflanzen, die zusammenpassen

Anna Pavord

Dorling Kindersley

Dorling Kindersley

LONDON, NEW YORK, MÜNCHEN, PARIS

LEKTORAT Pamela Brown
BILDREDAKTION Peter Luff
CHEFLEKTORAT Anna Kruger
LEITUNG BILDLEKTORAT
Lee Griffiths
SPEZIAL-FOTOGRAFIE
Jonathan Buckley
DTP-DESIGN Louise Waller
BILDRECHERCHE Anna Grapes
MEDIEN Romaine Werblow
HERSTELLUNG
Ruth Charlton, Mandy Inness

Die Deutsche Bibliothek – CIP-Einheitsaufnahme
Ein Titeldatensatz für diese Publikation ist bei
Der Deutschen Bibliothek erhältlich.

Titel der englischen Originalausgabe:
Plant Partners

© Dorling Kindersley Limited,
London, 2001
Ein Unternehmen der Penguin-Gruppe
© Text by Anna Pavord, 2001

© der deutschsprachigen Ausgabe by
Dorling Kindersley Verlag GmbH,
München, 2002
Alle Rechte vorbehalten

Übersetzung Sabine Schulte
Redaktion Christiane Theis

ISBN 3-8310-0277-0

Printed and bound in
Spain by Graficas Estella

Besuchen Sie uns im Internet
www.dk.com

Einleitung 6

Frühlingsboten 8

Früh blühende Zwiebelpflanzen, Primeln, Helleborus und andere Pflanzen, die den Garten aus dem Winterschlaf wecken. 10 besonders empfehlenswerte Pflanzen mit idealen Partnern.

Pflanzenporträts

Arum italicum 'Marmoratum' 24
Asplenium scolopendrium 26
Cyclamen coum 28
Erythronium 'Pagoda' 30
Euphorbia myrsinites 32
Helleborus orientalis 34
Hyacinthus orientalis 'King Codro' 36
Leucojum aestivum 'Gravetye Giant' 38
Narcissus 'Quail' 40
Tulipa 'Prinses Irene' 42

Vom Frühling zum Sommer 44

Der Garten im Spätfrühjahr und Frühsommer, mit Tipps, worauf Sie beim Kombinieren von Pflanzen achten müssen. 20 besonders empfehlenswerte Pflanzen mit idealen Partnern.

Pflanzenporträts

Aquilegia vulgaris 'Nora Barlow' 70
Convallaria majalis 72
Crambe cordifolia 74
Dicentra 'Stuart Boothman' 76
Dryopteris wallichiana 78
Euphorbia characias 80
Gladiolus communis subsp. *byzantinus* 82
Iris 'Jane Phillips' 84
Iris sibirica 86
Nectaroscordum siculum 88
Osmunda regalis 90
Paeonia lactiflora 'Bowl of Beauty' 92
Papaver orientale 'Patty's Plum' 94
Polystichum setiferum 'Pulcherrimum Bevis' 96
Pulsatilla vulgaris 98
Smyrnium perfoliatum 100
Thalictrum aquilegiifolium 102
Tulipa sprengeri 104
Viola 'Ardross Gem' 106
Zantedeschia aethiopica 'Crowborough' 108

Hochsommer 110

Überlegungen zur Farbgestaltung, die Bedeutung des Blattwerks und die Verwendung von Einjährigen, um den Garten den ganzen Sommer lang schön zu gestalten. 20 besonders empfehlenswerte Pflanzen mit idealen Partnern.

Pflanzenporträts

Allium giganteum 138
Astrantia major 'Shaggy' 140
Campanula latiloba 'Hidcote Amethyst' 142
Cerinthe major 'Purpurascens' 144
Crocosmia 'Lucifer' 146
Delphinium grandiflorum 'Blue Butterfly' 148
Dianthus 'Dad's Favourite' 150
Digitalis purpurea Excelsior-Gruppe 152
Eryngium giganteum 154
Eschscholzia californica 156
Geranium psilostemon 158
Helenium 'Moerheim Beauty' 160
Hemerocallis citrina 162
Hosta 'Krossa Regal' 164
Lilium regale 166
Nepeta 'Six Hills Giant' 168
Nigella damascena 'Miss Jekyll' 170
Phlox carolina 'Miss Lingard' 172
Rodgersia aesculifolia 174
Verbascum chaixii 'Gainsborough' 176

Herbst 178

Das Finale vor dem ersten Frost, die Pracht von Sonnenblumen und Gräsern sowie überraschende Herbstfreuden. 10 besonders empfehlenswerte Pflanzen mit idealen Partnern.

Pflanzenporträts

Aconitum carmichaelii 'Arendsii' 194
Anemone x hybrida 'Honorine Jobert' 196
Canna x ehemanii 198
Cimicifuga simplex 'Brunette' 200
Cyclamen hederifolium 202
Dahlia 'Grenadier' 204
Geranium wallichianum 'Buxton's Variety' 206
Nerine bowdenii 208
Polypodium interjectum 'Cornubiense' 210
Verbena bonariensis 212

Alternative Kombinationen 214

Andere geeignete Nachbarn für die empfohlenen Pflanzen

Register 235
Dank 240

DIE IDEALEN PFLANZEN IM GARTEN miteinander zu kombinieren ist eine hohe Kunst. Denn nicht nur die ästhetische Gestaltung mit Form- und Farbarrangements spielt eine Rolle – wichtig für eine prachtvolle Entfaltung ist auch die Frage, welche Pflanzen harmonisch miteinander wachsen können. Auf den folgenden Seiten möchte ich 60 besonders empfehlenswerte Pflanzen porträtieren, denen jeweils zwei ideale Partner an die Seite gestellt werden. Bei einigen Kombinationen stehen »Nebendarsteller« und Star-Pflanze gemeinsam im Vordergrund und ergänzen sich in ihrer Pracht. Andere Gruppen sind so angelegt, dass der Pflanznachbar erst dann zur Geltung kommt, wenn die Hauptpflanze in ihre Ruheperiode eingetreten ist.

Einleitung

Bevor Sie im Garten Pflanzen kombinieren, müssen Sie eine grundsätzliche Entscheidung treffen: Möchten Sie zu einem bestimmten Zeitpunkt im Gartenjahr die größtmögliche Wirkung erzielen und sollen daher alle Pflanzen einer Gruppe zur gleichen Zeit in ihrem Glanz erstrahlen? Oder planen Sie in Ihrem Garten Kontinuität, so dass Sie, wann auch immer Sie sich umschauen, stets etwas Besonderes entdecken? Mit ein wenig Erfahrung lernen Sie bald, wer Ihre Pflanzenlieblinge sind. So gibt es einige Gewächse, vor allem Helleborus- und Euphorbienarten, die das ganze Jahr über etwas zu bieten haben. Wenn Sie eine oder zwei davon in Ihre Pflanzengruppe aufnehmen, sind Sie schon auf dem besten Weg zum Erfolg.

Die ideale Gartenpflanze besitzt ein schönes Blattwerk. Denn letztendlich sind es die Blätter, nicht die Blüten, die einen Garten üppig und vielfältig erscheinen lassen. Daher werden Sie in den vorgestellten Gruppen jeweils mindestens eine Pflanze finden, die auch nach ihrer Blüte noch ein wunderbarer Blickfang ist. Und wenn Sie aus jedem der vier Jahreszeiten-Kapitel Pflanzen auswählen, können Sie sicher sein, dass Ihr Garten nicht schon im Hochsommer am Ende seiner Pracht ist, sondern Ihnen auch im Herbst noch viel Freude macht.

In diesem Blumenreichtum aus Christrosen und Funkien, Taglilien und Iris, Tulpen und Sonnenblumen fehlen die Bäume und Sträucher. Jeder

EINLEITUNG

Garten braucht Gehölze, denn sie verleihen ihm Ausstrahlung und Dauerhaftigkeit und spenden wertvollen Schatten. Bei unseren Pflanzkonzepten haben wir jedoch nur Stauden, Zwiebelpflanzen und Ein- und Zweijährige berücksichtigt. Denn in einem kleinen Garten hat vielleicht nur ein Baum Platz – aber darunter und ringsherum kann man Einjährige und Stauden ansiedeln, die das ganze Jahr über eine Augenweide sind.

Weil Pflanzen lebendig sind und stark auf Regen oder Trockenheit, Sonnenschein, Frost oder die Lufttemperatur reagieren, können die Blütezeiten von Jahr zu Jahr variieren. Auch Standort und Bodenbeschaffenheit haben Einfluss auf das Wachstum. Hier habe ich die Pflanzen zwar bestimmten Jahreszeiten zugeordnet, aber es ist nicht gesagt, dass sie sich an diese Einteilung halten. Vor allem für das Frühjahr lassen sich nur schwer Voraussagen treffen, denn ein milder Winter oder strenge Nachtfröste können die Blütezeit verschieben. Doch probieren Sie es einfach aus! Wenn Sie die Bedürfnisse ihrer Pflanzen berücksichtigen und sie mit den passenden Nachbarn kombinieren, kann sich Ihr Garten in seiner ganzen Schönheit entfalten.

Klug geplant

Tulpen und Vergissmeinnicht (oben rechts) leuchten gemeinsam im schönsten Blütenschmuck des Frühlings. Im Sommer oder im Herbst ist hier nicht mehr viel zu sehen. Die Kombination von Primeln und Päonien (oben links) ist über einen längeren Zeitraum hinweg interessant, denn wenn die Primeln verblüht sind, hat die Päonie gerade erst mit dem Blühen begonnen.

KÖNIGSFARN & ENGELWURZ

NATÜRLICH, MAN KANN AUCH ÜBER EINEN winterlichen Garten poetische Zeilen verfassen. Etwa über die Silhouetten der Bäume vor dem Abendhimmel, die weißen Kelche der knospenden Schneeglöckchen und die Winterlinge, die mit ihren Halskrausen wie Sängerknaben dastehen... Wenn man sich aber mit zwei Paar Socken,

Frühlingsboten

Gummistiefeln, dicker Jacke, Mütze und Handschuhen ausstaffiert hat und die Tür zum Garten öffnet, reißt der Sturm sie einem aus der Hand, und missmutig schaut man den Graupelkörnern zu, die sich in den Blattrosetten des Fingerhutes aufhäufen wie Eiskugeln in einer Waffeltüte. Wenn man dann über den morastigen Rasen geschlittert ist und die schlammigen Beete betrachtet, wenn man sich bei dem Versuch, an einer Primel zu schnuppern, an einem vereisten Stein den Fuß angestoßen hat, dann

Das Jahr entfaltet sich
Mit jugendlicher Begeisterung streben die Wedel des Straußenfarns (Matteuccia struthiopteris) *in die Höhe. Wie der Hundszahn* (Erythronium revolutum), *der neben ihm wächst, gedeiht er am besten an einem kühlen Standort mit Halbschatten.*

KÖNIGSFARN & ENGELWURZ

Ein neuer Anfang
Sehnsüchtig erwartet der Gärtner jedes Jahr die Schneeglöckchen, die trotz ihrer Zartheit sogar in Schnee und Eis blühen. Hier leuchtet das schöne Galanthus *'S. Arnott' vor einem Hintergrund aus Lenzrosen* (Helleborus orientalis).

kommt man vielleicht zu dem Ergebnis, dass nur ein Masochist die winterlichen Gartenfreuden genießen könne.

Der Boden könnte nicht unattraktiver aussehen. Er wirkt schwer, matschig und kalt, und die Vorstellung, ihn mit den Händen zu bearbeiten, ist keineswegs verlockend. Der Blick fällt auf abgestorbene Farnwedel, Rosenstängel und Pfützen aus aufgeweichten Crinumblättern. Doch wer auf einen winterlichen Garten nicht verzichten will, sollte ihn wenigstens so planen, dass man ihn im Sommer anpflanzen kann, um ihn dann später vom behaglich warmen Zimmer aus zu betrachten. Alle interessanten Pflanzen sollten vom Fenster aus zu sehen sein.

Man könnte sich zum Beispiel überlegen, Winterblüher unter einer Buche oder einem anderen Laub abwerfenden Baum anzusiedeln. Durch das winterlich kahle Astwerk bekommt der Boden mehr Licht und Feuchtigkeit als zu jeder anderen Jahreszeit. Beginnen könnten Sie mit einer großen, dunklen Nieswurz *(Helleborus foetidus)* oder besser gleich mit mehreren. Wenn man sie mit Schneeglöckchen *(Galanthus)* und Winterlingen *(Eranthis hyemalis)* umgibt, entsteht ein anmutiges winterliches Bild.

Zudem ist der Boden auf diese Weise gut genutzt, denn im Sommer wächst unter großen Bäumen kaum etwas; es ist dort zu trocken und zu schattig. Die immergrüne Nieswurz ist das ganze Jahr hindurch präsent. Man kann noch kleine wilde Narzissen als Frühjahrsblüher hinzusetzen und vielleicht Waldmeister *(Galium odoratum)*. Er bildet winzige, weiße, kreuzförmige Blüten über einem Teppich aus Blattwerk, das so schön geschnitten ist wie die Blätter des Moossteinbrechs.

Um die beste Wirkung zu erzielen, verteilt man die Pflanzen, die ihre größte Schönheit zur gleichen Zeit entfalten, an verschiedenen Stellen im Garten. Da die Gärten heute jedoch meist eher klein sind, sollte man darauf achten, dass solche Pflanzengruppen auch gut aussehen, wenn sie nicht blühen. Auch die im Winter blühenden Gewächse sollte man daher durch ein paar Sommerblumen ergänzen. Wenn ein Standort für Waldmeister, der im späten Frühjahr und im Frühsommer blüht, zu trocken ist, versuchen Sie es stattdessen mit dem goldblättrigen Pfennigkraut *(Lysimachia nummularia* 'Aurea') als Bodendecker. Es gedeiht auch an weniger günstigen Standorten und verträgt im Sommer den Schatten unter großen Bäumen.

Helleborus foetidus, S. 38;
Galanthus 'John Gray',
S. 34; *G.* 'Atkinsii', S. 96
Eranthis hyemalis, S. 38

Galium odoratum, S. 30

Der Winter lässt dem Gärtner viel Zeit für die Vorfreude auf den Frühling

Selbst an den kurzen, dunklen Tagen des Jahres lässt sich also aus dem Nichts etwas hervorzaubern. Doch eigentlich hat der Winter den Sinn, dem Gärtner viel Zeit für die Vorfreude auf den Frühling zu lassen. Frühling im Garten ist die Zeit der Blumenzwiebeln – so viele, wie die Erde nur fassen kann. Kein anderes Ereignis erwarten wir Gärtner mit solcher Ungeduld wie das Aufbrechen dieser Formen- und Farbenpracht.

DIE JAHRESZEIT DER BLUMENZWIEBELN

Das Schönste an Blumenzwiebeln ist, dass man so oft vergisst, dass man sie gesetzt hat. Anders als viele andere Gartenpflanzen bleiben sie im Verborgenen, solange sie nicht blühen. Im Frühling erscheinen sie dann plötzlich und nehmen es überhaupt nicht übel, dass wir uns nicht um sie gekümmert haben. Doch natürlich hat ihre Zurückgezogenheit auch eine Schattenseite. Wer kennt nicht das beschämende Gefühl, wenn man eine ruhende Zwiebel mit der Grabgabel aufgespießt hat? Man gräbt die durchbohrte Knolle dann am besten mit einer Extraportion Kompost wieder ein. Doch abgesehen von unachtsamen Gärtnerfreunden haben Blumenzwiebeln auch noch genügend natürliche Feinde, wie Mäuse, Vögel, Schnecken, Wild u. a., die sie bedrohen.

Die zahlreichen Krokusarten sind wahrhaft herzerfreuende Anblicke im Frühlingsgarten. Ein Problem ist nur, dass man sich tief hinunterbeugen muss, um ihre Schönheit zu bewundern: etwa den Bronzeschimmer außen auf den Blüten der bezaubernden *Chrysanthus*-Hybride 'Zwanenburg Bronze' oder die strahlend orangefarbenen Staubbeutel des jungfräulich weißen 'Snow Bunting'. Zudem muss man sie im richtigen Augenblick wahrnehmen: Ohne Sonne bleiben die Blüten fest geschlossen.

Doch man darf auch die Mäuse nicht vergessen, denn die kleinen Nager lieben Krokusse genau so sehr wie wir. Doch sie begnügen sich nicht mit dem Anschauen, sondern fressen die Knollen. Dieses Problem erkannte man schon, als man begann, Krokusse zu züchten. Ein Stich im 'Hortus Floridus', einem Pflanzenkatalog von 1614, zeigt eine Maus, die mit der Hingabe eines Feinschmeckers an einer Krokusknolle knabbert. Auch E. A. Bowles, der berühmte englische Gärtner des 19. Jahrhunderts, dessen klassisches dreibändiges Gartenwerk mit dem Band namens »My Garden in Spring« beginnt, war ein Krokusfreund und hatte folglich für Mäuse nichts übrig. »Mäuse müssen in allen Monaten und mit allen Mitteln bekämpft werden«, schrieb er und empfahl eine Angriffsstrategie mit Katzen, Gift, im Boden versenkten Gläsern und Fallen mit Paranüssen als Köder.

Geduldig wartete er 30 Jahre, bis sein Fremdbestäubungsprogramm einen rein weißen Sämling der griechischen Art *Crocus sieberi* hervorbrachte. Besondere Freude hatte Bowles am botanischen Krokus, der zwar kleiner ist, aber früher blüht als etwa die größeren Sorten des *Crocus vernus*, den man auch Holländischen Krokus nennt.

Beide haben ihre Vorteile, doch man pflanzt sie besser getrennt. Ein Fliegengewicht wie der *Crocus chrysanthus* wird von einem schweren holländischen Krokus wie dem graublauen *Crocus vernus* 'Vanguard' nur zu schnell verdrängt. Da Krokusse freie Standorte mit durchlässigen Böden

FRÜHLINGSBOTEN

bevorzugen, passen sie gut zu Gebirgspflanzen wie dem Steinbrech, der im Steingarten wächst. Einige der wüchsigeren Sorten des *Crocus chrysanthus* gedeihen auch auf kurzem Rasen neben im Herbst blühenden Winterlingen und Herbstzeitlosen. Auch *Crocus tommasinianus* wächst im Gras, wenn es nicht zu dicht ist. Sein blasser, fliederfarbener Farbton ist in der Sorte 'Ruby Giant' abgedunkelt. Wenn die Krokusse sich selbst durch Aussaat vermehren sollen, darf man den Rasen frühestens zwei Wochen nach dem Verschwinden ihres gesamten Blattwerks mähen. Die Samenkapseln der Krokusse sitzen nämlich fast auf dem Boden und brauchen eine Weile, um zu reifen und ihre Samen auszustreuen.

Wenn man sich einmal entschieden hat, ob man blaue, weiße oder gelbe Krokusse setzen möchte, ist die Wahl der Sorte nicht mehr schwer. Am prächtigsten sind die großblütigen holländischen Krokusse (*Crocus vernus*) oder der gelbe *Crocus aureus*. Bedenken Sie jedoch, dass Vögel lieber an gelben Krokussen herumpicken als an weißen oder blauen. *Crocus vernus* 'Jeanne d'Arc' mit seiner eleganten Blüte und den leuchtend orangefarbenen Narben ist von den großen Weißen der schönste. 'Striped Beauty' zeigt tiefviolette Flecken auf weißem Grund, 'Pickwick' hat silbrig flieder-

Crocus tommasinianus, S. 202; *C. tommasinianus* 'Barr's Purple', S. 106

Krokus und Alpenveilchen

Wild wächst Crocus tommasinianus *in lichten Wäldern, er verträgt also etwas Schatten. Doch um die Blüten zu öffnen und die leuchtend orangefarbenen Staubbeutel zu zeigen, braucht er Sonne. Hier wurde* Cyclamen coum *zwischen die Krokusse gepflanzt.*

Crocus chrysanthus 'Ladykiller', S. 70

farbene Blüten mit purpurroten Streifen. Die größte Auswahl hat man bei den blauen Krokussen – doch richtig blau sind sie nie. 'Remembrance', ein holländischer Krokus, der oft als tiefblau beschrieben wird, ist eigentlich malvenfarben. Doch die Sorte ist hervorragend, genau so wie 'Purpureus Grandiflorus' und der blassere, lavendelblaue 'Queen of the Blues'. Unter den frühen Sorten findet man ausgefallenere Farbkombinationen. Die Blütenblätter von 'Ladykiller' zum Beispiel sind außen tiefpurpurviolett mit weißem Rand und innen zart bläulich weiß. Auch einige sehr schöne, bronzefarben gestreifte Sorten sind erhältlich, eine Farbzusammenstellung, die es bei den großen Krokussen noch nicht gibt. 'Zwanenburg Bronze' wächst ungewöhnlich früh und bricht in einem zartbraunen, innen leuchtend gelben Kleid aus dem Boden.

Zwiebelpflanzen besitzen selten ein schönes Blattwerk und profitieren eher von fremden Blättern.

Narzissen können fast drei Monate lang blühen. Eine der frühesten ist 'February Gold' aus der *Cyclamineus*-Klasse. Ihre zurückgeschlagenen Blütenblätter wirken wie kleine Ferkelohren, die einem Sturm trotzen, was sehr witzig aussieht. Allerdings blüht sie selten zu der Zeit, die ihr Name nahe legt; normalerweise erst einen Monat später. 'Alliance' ist ähnlich. Sie blüht früh, hält sich gut und streckt ihre kleine Trompete fast waagerecht in die Luft. Kombinieren Sie diese Sorte mit goldblättrigem Mutterkraut (*Tanacetum parthenium* 'Aureum'). Die Narzisse 'February Silver' stammt aus derselben Kreuzung, hat aber eine viel blassere Blüte mit cremefarbenen Blütenblättern und mattgelber Trompete.

Tanacetum parthenium 'Aureum', S. 40

Wie Krokusse kommen auch Narzissen am besten in voller Sonne zur Blüte. Allerdings blühen *Narcissus obvallaris* und die wilde Osterglocke (*N. pseudonarcissus*) auch im Halbschatten recht gut. Narzissen wie die cremeweiße 'Cheerfulness' brauchen im Sommer viel Wärme, damit sie Blütenknospen bilden. Das gilt auch für die vielblütigen Tazetten wie 'Cragford', 'Geranium' und 'Scarlet Gem'. Alle reagieren gleich empfindlich auf Feuchtigkeit. Besonders schön kommen ihre Blüten über dem Blattwerk von Storchschnabel wie *Geranium malviflorum* zur Geltung.

FRÜHLINGSBOTEN

Auch 'Minnow' ist eine Tazette, die einen warmen Standort braucht, denn sie stammt aus dem Mittelmeerraum und ist an sommerliches Sonnenbaden gewöhnt. Sie wird nur etwa 18 cm hoch und bildet an einem Stängel bis zu vier cremegelbe Blüten mit einer etwas dunkleren Trompete. 'Minnow' und 'Cheerfulness' brauchen beide einen durchlässigen Boden. Falls der Boden in Ihrem Garten zu schwer ist, können Sie groben Sand untergraben und die Knollen dann im Pflanzloch auf Sand setzen.

Die altmodische Dichternarzisse *(N. poeticus* var. *recurvus)* braucht man fast schon ihres Duftes wegen. Ihre eleganten, papierdünnen Blüten haben ein winziges, flaches, tiefgelbes Zentrum mit rotem Rand. Mit dieser wohl proportionierten Blüte eignet sich die Dichternarzisse auch für wilde Gartenbereiche. Allerdings blüht sie erst spät, was von Nachteil sein kann, wenn man sie in Gras pflanzt. Allgemein gilt, dass man für die Verwilderung von Zwiebelpflanzen keine überzüchteten Ungetüme wählen sollte, denn sie wirken in einer natürlichen Umgebung völlig fehl am Platz.

Zwiebelpflanzen, die Schatten vertragen, sind besonders nützlich, doch es gibt nur sehr wenige davon. Das Spanische Hasenglöckchen *(Hyacinthoides hispanica)* eignet sich ausgezeichnet für Standorte unter Bäumen und im Grün von Schatten liebenden Farnen. Der Blütenstängel hängt nicht zur Seite wie beim Gemeinen Hasenglöckchen, sondern steht aufrecht und trägt ringsherum Blüten. Am schönsten ist die schneeweiße Sorte, besonders zwischen gerade austreibenden Farnwedeln oder im Kontrast zu einer dunklen Mandelblättrigen Wolfsmilch *(Euphorbia amygdaloides* var. *robbiae).* Das Spanische Hasenglöckchen sät sich selbst aus, jedoch nicht so freudig wie das Gemeine Hasenglöckchen, das im Garten zur Plage werden kann. Es gibt neben der weißen auch eine mittel- und eine dunkelblaue Sorte sowie eine aus ausgewaschenem Rosa. Die blauen Sorten eignen sich für gemischte Pflanzungen mit späten Narzissen, etwa mit der Dichternarzisse.

Euphorbia amygdaloides var. *robbiae*, S. 40

Auch die meisten Blausterne *(Scilla),* kann man gut verwildern. Sie sind in jeder Frühlingsgruppe ein bezauberndes Element. Der Zweiblättrige Blaustern *(Scilla bifolia)* hat ein intensives, leuchtendes Blau, während der Sibirische Blaustern *(S. sibirica)* etwas später himmelblaue Blüten bildet. 'Spring Beauty' hat leuchtend blaue Blüten und ist mit 15 cm Höhe eine größere Sorte. *Scillas* sind wunderschön und lassen sich leicht ansiedeln.

Scilla bifolia, S. 24;
S. siberica, S. 34

Die kleineren Zwiebelpflanzen – Anemone, Chionodoxa, Krokus, Puschkinie und Scilla – sollte man in großen Mengen pflanzen. Setzen Sie lieber 20 Zwiebeln von einer Sorte als vier oder fünf verschiedene Arten.

KÖNIGSFARN & ENGELWURZ

Graziles Karo
Die Schachbrettblume (Fritillaria meleagris) mit ihren glockigen Blüten braucht Nachbarn, die sie nicht überwuchern. Sie bevorzugt feuchten Boden und passt daher gut zur leuchtend blauen Scilla siberica.

Die *Chionodoxa* ist eng mit der *Scilla* verwandt, doch anders als bei dieser stehen ihre Staubblätter dicht beieinander. Beide mögen dieselben Bedingungen und vertragen Halbschatten. Sie wirken gut zwischen frühen *Helleborus*. *Chionodoxa sardensis* ist blassblau, ähnlich wie *Puschkinia scilloides* var. *libanotica*, deren Blüten wie bei einer kleinen Hyazinthe rings um den Stängel stehen. Kein Farbton jedoch übertrifft das intensive Blau der *Scilla*. Setzen Sie die Zwiebeln verstreut um Gruppen aus Storchschnabel herum. Die blauen Blütensterne beleben den Fleck, bis der Storchschnabel sein Blattwerk entwickelt hat.

Hyazinthen, Narzissen, Tulpen und Scillas blühen am besten, wenn sie im Sommer zuvor viel Wärme bekommen haben. In unserem gemäßigten Klima reicht die Sonne oft nicht aus, um die Zwiebelpflanzen ihr ganzes Potenzial entfalten zu lassen. Manche, wie die *Tulipa eichleri* (syn. *T. undulatifolia*), sind so herrlich, dass man sie unter keinen Umständen missen möchte, daher pflanzt man sie vorsichtshalber in jedem Herbst neu. *Tulipa eichleri* hat scharlachrote Blüten, deren Blätter in der Mitte leicht gebeugt sind und in schlanken Spitzen enden. Außen sind die Blütenblätter bräunlich grün überschattet, doch wenn sie dann aufblüht, enthüllt sie, vor dem Hintergrund ihrer eleganten graugrünen Blätter, ihre ganze leuchtend rote Pracht. Setzen Sie diese Tulpe zwischen Akeleipflanzen. Diese blühen zwar erst später, aber auch ihr Blattwerk ist sehr schön: gräulich wie das der Tulpe und zart geschnitten.

PRIMELN UND ANDERES ERFREULICHES

Ein kluger Gärtner hat einmal gesagt, das Geheimnis erfolgreichen Gärtnerns bestehe darin herauszufinden, welche Pflanze sich in einem Garten wohl fühlt, und dann viele davon zu setzen.

Falls Sie einen feuchten, schweren Boden haben, sollten Sie also viele Primeln setzen. Sie blühen im Winter und im zeitigen Frühjahr und eignen sich gut für Stellen, die später im Jahr schattig werden, denn nach der Blüte vertragen sie Schatten gut. Primelsorten bilden gerne Kreuzungen mit den gewöhnlichen Kissenprimeln. Zu ihnen gehören 'Sue Jervis', eine gefüllte, pfirsichrosa Primel, die gut zu dem klaren Blau von Lungenkraut oder einer panaschierten Brunnera passt. 'Corporal Baxter' ist tiefrot, gefüllt, üppig und robust. Kombinieren Sie diese Primel mit dem weinfarbenen Laub von *Helleborus* x *sternii*. 'Miss Indigo' ist eine reizvolle, gefüllte Primel, deren blaue Blütenblätter silbrig umrandet sind.

Auf trockenem, kargem Boden sind gefüllte Primeln vergeudet. Graben Sie daher beim Pflanzen viel Kompost oder besser noch Mist unter. Primeln brauchen, wie viele andere klassische Bauerngartenpflanzen auch, Dung. Im Sommer dürfen sie gern schattig stehen, jedoch nicht austrocknen. Wenn die Pflanzen sich wohl fühlen, bilden sie kräftige Büschel, die man jedes zweite Jahr teilen sollte, damit sie weiterhin reichlich blühen. Dazu nimmt man am besten die ganze Pflanze aus dem Boden und zieht sie auseinander. Man sieht recht gut, wo man sie am besten teilt, denn die Pflanze bildet von sich aus kleine Einheiten, aus denen die neuen Pflänzchen entstehen.

Wenn man im Frühling durch den Garten spaziert, fühlt man sich oft wie auf einem Fest, auf dem plötzlich Gestalten auftauchen, die man ewig nicht mehr gesehen hat. Man weiß ihren Namen noch, aber man hat vergessen, wie sie aussehen und wie sie sich geben, und nun freut man sich über das Wiedersehen. Man erinnert sich, warum man so gern mit ihnen zusammen war – oder auch nicht. Das Pendant zu Partymuffeln sind Unkräuter, die nur darauf lauern, die frischen Triebe von Pfingstrosen oder Verbenen im Keim zu ersticken.

Brunnera macrophylla 'Hadspen Cream', S. 36

Primula 'Miss Indigo', S. 28

Ideale Partnerschaft

Die meisten Scillas lassen sich leicht verwildern und bilden hübsche Elemente in einem Frühlingsbeet. Die sprießenden Blätter einer Wolfsmilch bilden den Hintergrund zu den blauen Blüten. Aufgehellt wird die Gruppe vom silbrig gezeichneten Blattwerk des Lamium maculatum.

Cyclamen hederifolium,
S. 202

Viele Blütenpflanzen, die uns in dieser Jahreszeit Freude bereiten, sind auf das Blattwerk von anderen Pflanzen wie *Cyclamen hederifolium* angewiesen. Alpenveilchen sind natürliche Gefährten für die frühjahrsblühenden Scillas. Ohne die kunstvoll geäderten Blätter der Cyclamen sind Scillas längst nicht so wirkungsvoll. Zwiebelpflanzen besitzen selten gutes Blattwerk und profitieren stark von fremden Blättern. Probieren Sie daher einmal, eine *Scilla bithynica* zwischen die marmorierten Blätter eines Aronstabs zu setzen.

Das bronzefarbene Blattwerk früher Pfingstrosen wie der *Paeonia cambessedesii* ist ebenfalls ein schöner Hintergrund. Ihre Blätter sind viel feiner als die der üblichen Gartenpäonien, die meistens von der *Paeonia lactiflora* abstammen. Sie sind spitzer, glänzender und auf der Unterseite satt purpurrot. Die Blüten sind nicht so auffällig wie die von Gartenhybriden, aber ihr mittleres bis tiefes Rosa belohnt das Warten.

Auch Euphorbien eignen sich gut als Hintergrund für Zwiebelpflanzen, denn die schweflig grüngelben Blüten passen zu einer überraschend großen Farbpalette. Sowohl rosafarbene als auch rote Tulpen wirken vor einer riesigen Wolfsmilch wie *Euphorbia characias* großartig. Suchen Sie nach 'Rose Emperor', einer *Fosteriana*-Tulpe, die als kirschrot beschrieben wird, oder nach der feuerroten *Fosteriana* 'Cantata'.

FRÜHLINGSBOTEN

Auch 'Prinses Irene' sieht vor Wolfsmilch gut aus, entweder vor der hellen *Euphorbia polychroma* oder vor der bronzeblättrigen *Euphorbia x martinii*. *Helleborus argutifolius* könnte ebenfalls einen guten Hintergrund für Tulpen abgeben, denn das Blattwerk ist sehr hübsch. Doch sobald diese Helleborusart in der Mitte neue Triebe bildet, neigen die ausgewachsenen Stängel leider zum Umfallen. Die *Anemone blanda* kommt mit dieser Situation zurecht. Wenn sie unter einem Stängel begraben wird, schiebt sie ihre Blüten ganz unbeeindruckt rechts und links am Hindernis vorbei aus dem Boden.

Das Blattwerk des Storchschnabels ist zu dieser Zeit noch nicht weit, aber die Blätter der Wiesenraute (*Thalictrum*) sind schon recht groß. Sie haben den gleichen graugrünen Farbton wie Akeleiblätter. Als Farbtupfer setzen Sie einfach ein paar purpurrote Primeln dazu – sie wirken wie ein leuchtend roter Lippenstift, mit dem man ein schlichtes Kleid zum Leben erweckt.

Frühlingsfeuer

Keine andere Blume ist so vielfältig und so raffiniert wie die Tulpe. Vor den bronzefarbenen Blättern der Euphorbia griffithii *lodert hier 'Prinses Irene' wie ein Feuer im Frühling. Die Farbe Orange dominiert, aber außen tragen die Blütenblätter feine violette und grüne Streifen.*

Lanzen in Grün

Die Blätter von Crocosmia *'Lucifer' schieben sich durch niedrige Teppiche aus dunkelblättrigem Scharbockskraut (*Ranunculus ficaria *'Brazen Hussy'). Wenn die Montbretie zu blühen beginnt, ist das Scharbockskraut schon eingezogen. Die schwertförmigen Blätter von Iris, Montbretien und Gladiolen sind in Pflanzengruppen von großem Wert.*

Der Kriechende Günsel *(Ajuga reptans)* ist ein Bodendecker, dessen Blüten erst im Frühsommer erscheinen. Die dunklen, glänzenden, bronzefarbenen Blätter der 'Atropurpurea' bilden einen schönen Kontrast zu den blauen Blüten einiger Zwergirisarten, zum Beispiel der *Iris reticulata*. Man sollte den Günsel aber gut im Auge behalten. Denn sobald das Blattwerk der Iris verschwunden ist und sie keinen Raum mehr beansprucht, kann der Günsel sie in Windeseile überwuchern.

Auch das Lungenkraut besitzt ein schönes Blattwerk, aber zu dieser Jahreszeit konzentriert es sich aufs Blühen. Die schönsten Blätter erscheinen erst später, wenn die Blüten verwelkt sind. Ob man das blasse Blau von *Pulmonaria saccharata* 'Frühlingshimmel' vorzieht oder den kräftigeren Farbton von 'Lewis Palmer' ist Geschmackssache; Letzteres ist wüchsiger und wird höher. Lungenkraut passt gut zu den ledrigen Blättern von *Euphorbia amygdaloides* var. *robbiae*. Beide Pflanzen gedeihen auch im Schatten, allerdings darf der Standort nicht zu trocken sein.

FRÜHLINGSBOTEN

Die Vergissmeinnicht blühen jetzt auf. Es gibt einige sehr schöne Sorten mit dunkelblauen Blüten. Manche haben einen winzigen weißen Fleck in der Mitte. Sie lassen sich gut mit einer Zwergnarzisse wie 'Rip van Winkle' kombinieren. Deren zweifarbig gelbe, gefüllte Blüte kommt ohne Trompete aus und ähnelt mit ihrem krausen Schopf eher einer Löwenzahnblüte. Ebenfalls aus der Art geschlagen ist die zweifarbige Traubenhyazinthe (*Muscari latifolium*). Ihr Blattwerk ist nicht grasartig, wie das normaler Traubenhyazinthen, sondern sie produziert ein einziges, breites Blatt, das um den Blütenstängel gewickelt ist. Die Blüte ist dunkelblau und hat eine blassblaue Krone. Sie passt gut zu der bräunlich gelben, gefüllten Primel 'Sue Jervis' und zu *Helleborus* x *sternii* mit ihrem marmorierten Blattwerk, den violetten Stängeln und den grünlich rosafarbenen Blüten. Leider bekommt diese Helleborusart viel zu häufig Blattflecken, doch hier könnte man vorsorglich Fungizide spritzen.

SPRIESSENDE BLÄTTER

Bei aller Blütenfülle, die der Frühling hervorbringt – Primeln, Scillas, Narzissen, Lungenkraut, Traubenhyazinthen, blau und weiß gestreifte 'Columbine'-Veilchen, Euphorbien –, sind es doch die sprießenden

Blätterteppich

Bei Blattpflanzen fällt vielleicht zuerst die Vielfalt der Formen auf, aber es gilt auch, die Unterschiede in Strukturen, Farben und Wachstumsgewohnheiten zu berücksichtigen. Hier ergänzen sich die Bodendecker Lamium maculatum *'Beacon Silver' und* Ajuga reptans *'Catlin's Giant' und die tief gelappten Blätter des Storchschnabels.*

Ferula communis, S. 152

Iris sibirica, S. 86

Iris orientalis, S. 94

Asplenium scolopendrium, S. 26

Blätter, die den Garten üppig erscheinen lassen. Besonders eindrucksvoll wirkt zu dieser Zeit der kraftvoll austreibende Riesenfenchel *(Ferula communis)*. Er gehört zu einer anderen Pflanzenfamilie als der essbare Fenchel, besitzt aber ebenso zart gefiedertes Blattwerk. In gutem Boden bildet er einen herrlichen Busch, der über einen Meter Durchmesser haben kann und etwa 60 cm hoch wird. Wenn die Pflanze sich eine ausreichende Basis geschaffen hat, schiebt sie einen riesigen Stängel mit gelben Blütendolden in die Höhe. Ihre eigentliche Schönheit jedoch liegt in den filigranen Blättern. Kombinieren Sie den Riesenfenchel mit hohen Schwertlilien wie der *Iris orientalis* und mit einem Brunnerabusch, der jetzt in voller Blüte steht.

Die schwertförmigen Blätter der bartlosen Irisarten wie *Iris orientalis* und *Iris sibirica* sind jetzt recht nützlich, denn über den niedrigen Polstern von Storchschnabel oder Wiesenraute wirken sie wie Ausrufezeichen. Bärtige Iris kann man nicht so verwenden, denn sie nehmen es übel, wenn ihre Rhizome zugedeckt oder von wüchsigen Nachbarn beschattet werden. Die *Iris orientalis* mit ihren bis zu einem Meter hohen Blättern scheint jedoch überall zu wachsen, in der Sonne und im Schatten.

Das Grün des Wiesenkerbels *(Selinum wallichianum)* ist nicht so lebhaft wie das des Riesenfenchels, und auch sein Blattwerk ist nicht so zart. Aber der berühmte Gärtner E. A. Bowles nannte ihn »die Königin der Doldenblütler«, und er war ansonsten sparsam mit seinem Lob. Wenn man den Wiesenkerbel als Jungpflanze setzt, glaubt man kaum, dass er eineinhalb Meter hoch werden kann. Sich die zukünftige Höhe einer Pflanze vorzustellen ist immer schwierig – die zukünftige Breite einzukalkulieren leichter.

Die Blütendolden des Wiesenkerbels sind eher weiß als gelb; man pflanzt ihn eigentlich der Blätter wegen. Der Myrrhenkerbel *(Myrrhis odorata)* gehört zu den wenigen farnblättrigen Doldenblütlern, die schon im späten Frühjahr blühen. Seine Blüten sind grünlich weiß bis grauweiß und eher unauffällig, duften aber süß. Auch die Blätter duften – nach Anis. Der Myrrhenkerbel wächst im Halbschatten. Man kann ihn gut mit dem gefleckten Blattwerk des Lungenkrauts und den glänzenden, hohen Blättern des Hirschzungenfarns *(Asplenium scolopendrium)* kombinieren. Gerard, einer der frühen Kräuterkundler, meinte, der Myrrhenkerbel sei »zwischen anderen Salatkräutern äußerst gut, gesund und schmackhaft«, aber vielleicht wusste man damals den Anisgeschmack mehr zu schätzen.

In ländlichen Gegenden verwendete man die Pflanze früher als Politur, indem man sie in die Eichenvertäfelung hineinrieb und nachpolierte, sobald der Saft getrocknet war.

Der Myrrhenkerbel ist eine kompakte Pflanze, die in Breite und Höhe nicht größer als 60 cm wird. Er übernimmt keine Hauptrolle, ist aber nützlich, weil er früh blüht und Schatten verträgt. Er eignet sich gut als Hintergrund für einen Teppich aus *Primula vulgaris* ssp. *sibthorpii*, der Karnevalsprimel, die jetzt malvenrosa Blüten mit gelber Mitte bildet. Sie sät sich nicht so reichlich aus wie die gewöhnliche Kissenprimel, aber die Pflanzen lassen sich nach der Blüte gut teilen.

Bei aller Blütenfülle sind es doch die sprießenden Blätter, die den Garten üppig und grün erscheinen lassen.

Bei Blattpflanzen fällt als Erstes die Vielfalt der Blattformen auf: die aufrechten Blattschwerter der Iris im Kontrast zu den rundlichen Brunnerablättern, das Spitzengewebe des Myrrhenkerbels vor dem kräftigen Blattwerk des Lungenkrauts.

Doch auch die unterschiedlichen Strukturen, Farben, Zeichnungen und Wuchsformen sind zu berücksichtigen. Die Blätter der im Sommer blühenden Laucharten *(Allium)* wachsen erst in die Höhe und beugen sich dann nach unten, bis ihre Spitzen den Boden berühren. Sie bilden einen deutlichen Kontrast zu den aufrechten Lanzen der Pfingstrose, die jetzt aus dem Boden sprießen, gekrönt von knubbeligen Blütenknospen. Zwar gelten weder Lauch noch Pfingstrosen in erster Linie als Blattpflanzen, doch ihre Blätter sind im Frühjahr schöne Zugaben. Ihren eigentlichen Auftritt haben sie jedoch später, wenn sie blühen. Aber wie viele Pflanzen wachsen in Ihrem Garten, die außerhalb der Blütezeit völlig unscheinbar sind? Bevor Sie sich eine neue Pflanze besorgen, um eine Lücke zu füllen, sollten Sie sich immer überlegen, wie sie aussieht, wenn sie nicht gerade ihr Festkleid trägt.

FRÜHLINGSBOTEN • PFLANZENPORTRÄTS

Arum italicum 'Marmoratum' *mit* Astilbe x arendsii 'Irrlicht' *und* Scilla bifolia

Der Aronstab ist nicht immergrün, sprießt aber zu einer Zeit, in der die meisten anderen Stauden sich noch im Winterschlaf befinden. Sein Wachstumszyklus gleicht einem Drama in drei Akten. Schon im Spätherbst bilden sich herrliche, pfeilförmige Blätter mit silbriger Marmorierung und einem schmalen, einfarbig grünen Rand. Im Frühling erscheint dann die mächtige Spatha, die den Spadix schützt. Zum Schluss, wenn die Blätter schon eingezogen sind, bildet ein mit blutroten Beeren besetzter Stängel das Finale. Die Astilbe blüht im Hochsommer, wenn der Aronstab eine Pause einlegt. Wenn sie abgestorben ist, bildet der Aronstab bereits wieder Blätter, die seine größte Stärke sind (strengen Frost allerdings verträgt er nicht). Schneiden Sie die eingetrockneten, dunkelbraunen Blütenstände der Astilbe nicht vorschnell ab, denn sie halten den Winterstürmen stand und sehen mit Raureif überzogen wunderschön aus. Der blaue Blütenflor der Scillas erfreut uns zwar nur kurze Zeit, das aber gerade dann, wenn er am meisten erwünscht ist.

Arum italicum
'Marmoratum'
(Aronstab)
Höhe *15–25 cm*
Breite *20–30 cm*
Vorzüge *Herrliches, dunkelgrünes, glänzendes Blattwerk mit silbrig weißer Äderung. Der cremeweißen Spatha folgt im Sommer ein Stängel mit leuchtend roten Beeren.*
Weitere Sorten
Arum creticum *bildet auffälligere Spathen aber weniger interessante Blätter.*

Astilbe x arendsii 'Irrlicht'
Das farnähnliche Blattwerk bildet einen filigranen Untergrund für die Blütenstände. Im Sommer erscheinen federbuschartige Rispen, dicht besetzt mit winzigen Blüten. 'Irrlicht' wird etwa 60 cm hoch. Astilben gedeihen in Sonne und Schatten, brauchen aber feuchten Boden.

Scilla bifolia
Scillas wachsen überall, außer in sehr trockenem, staubigem Boden. Unter guten Bedingungen säen sie sich reichlich selbst aus. Die Stängel mit den sternförmigen, zart violettblauen Blüten sind selten höher als 15 cm. Die Blätter entwickeln sich erst nach der Blüte vollständig. Pflanzen Sie die Zwiebeln etwa 7 cm tief und mulchen Sie im Herbst nach Möglichkeit mit Blattmulch oder durchgesiebtem Kompost.

Arum italicum 'Marmoratum'

Asplenium scolopendrium *mit* Pulmonaria 'Sissinghurst White' *und* Lunaria annua 'Alba Variegata'

Der Hirschzungenfarn ist eine Besonderheit unter den Farnen, denn seine Wedel sind nicht geteilt, sondern bilden satt glänzende, streifenförmige Blätter. Er setzt daher kräftige Akzente im Garten. Da der Hirschzungenfarn immergrün ist, fällt er im Winter noch mehr auf als im Sommer. Wenn man die alten Wedel im frühen oder im mittleren Frühjahr abschneidet, kann man am besten sehen, wie die neuen Blätter sich entfalten. Der Farn wird hier mit Lungenkraut *(Pulmonaria)* und Judassilberling *(Lunaria)* kombiniert. Mit diesen drei Pflanzen kann man ein schattiges Fleckchen im Garten gut besiedeln, denn sie mögen tiefen Schatten, solange der Boden nicht zu mager oder zu trocken ist. Das Blattwerk des Lungenkrauts bildet in Form, Struktur und Farbe einen schönen Kontrast zum Streifenfarn. Der Judassilberling gibt der Gruppe Höhe, und im Winter bilden seine Samenstände einen lebendigen Hintergrund für den Farn.

Asplenium scolopendrium (Hirschzungenfarn)
Höhe *45–75 cm.*
Breite *Bis zu 45 cm*
Vorzüge *Ganzjährig schön, mit streifenförmigen, wie poliert glänzenden Wedeln. Am schönsten ist er im Frühjahr, wenn sich aus einem behaarten Busch die jungen, herrlich grünen Wedel entrollen.*
Weitere Sorten *Wie andere Farne auch hat dieser viele Varianten: 'Ramocristatum' hat Wedel, die sich wie ein Geweih verzweigen und flache, gekräuselte Spitzen bilden.*

Pulmonaria 'Sissinghurst White' (Lungenkraut)
Lungenkraut eignet sich ausgezeichnet als Bodendecker. Es ist wüchsig, wird bis zu 60 cm breit, und wenn die Blätter zwischen spätem Frühjahr und frühem Winter voll ausgebildet sind, erdrücken sie einjähriges Unkraut mühelos. Die Blätter von 'Sissinghurst White' sind silbrig gesprenkelt. Die weißen Blüten erscheinen im mittleren Frühjahr – bevor die Blätter ihre volle Größe erreicht haben – an 30 cm hohen Stängeln.

Lunaria annua 'Alba Variegata' (Judassilberling)
Diese Zweijährige bildet im ersten Jahr einen niedrigen, dichten Busch aus Blättern; im zweiten Jahr treibt sie bis zu 75 cm hohe Blütenstängel. Die weiße Zeichnung der Blätter von 'Alba Variegata' lockert das Blattwerk auf. Die weißen Blüten sind schon an sich wirkungsvoll, aber noch nützlicher ist die Pflanze im Winter, wenn an den ausgebleichten Stängeln die runden, durchscheinenden »Silberlinge« der Samenschoten hängen.

PFLANZENPORTRÄTS

Asplenium scolopendrium

FRÜHLINGSBOTEN • PFLANZENPORTRÄTS

Cyclamen coum *mit* Primula 'Miss Indigo' *und* Viola 'Rebecca'

Alle drei sind so niedrig, dass man sie gut im Vordergrund einer Pflanzung gruppieren kann. Am besten gedeihen sie in humusreichem Boden, der im Sommer nicht austrocknet. Vor allem die Primeln mögen keine starke Sonneneinstrahlung. Die Gruppe kann das ganze Jahr über blühen. Aber selbst wenn sie ihre Haupt-Blütezeit ausnahmsweise auf das Frühjahr beschränkt, müssen wir letzlich nur im Herbst auf Blüten verzichten. Von *Cyclamen coum* gibt es viele Sorten. Manche haben Blätter, die so schön sind wie Blüten und die völlig ausreichen, um den Herbst zu verschönern. Alpenveilchen brauchen viel Platz und vertragen es nicht, wenn sie von den Blättern der Primeln oder der Veilchen zugedeckt werden. Das Farbspektrum von Veilchen und Primeln ist riesengroß, man kann dieses Trio also in Abständen an einem Weg entlang pflanzen und dabei immer etwas andere Farbkombinationen wählen, wobei das »etwas anders« entscheidend ist.

Cyclamen coum (Alpenveilchen)
Höhe *10 cm*
Breite *5–10 cm*
Blütezeit *Früher Winter bis frühes Frühjahr*
Vorzüge *Bezaubernde Blüten in Weiß oder verschiedenen Rosatönen; am schönsten ist das tiefe Karminrot. Rundliche Blätter mit variabler Zeichnung, nicht so auffällig wie die von C. hederifolium (siehe S. 202).*
Weitere Sorten *Die Blätter der Pewter-Gruppe sind von mattem Silber überlaufen; C. coum f. pallidum 'Album' hat weiße Blüten.*

Primula 'Miss Indigo'
Primeln haben ihren eigenen Zeitplan. Sie können im Herbst blühen oder auch das neue Jahr begrüßen. Mit Sicherheit zeigen sie ihre Blüten zwischen frühem und mittlerem Frühjahr, wenn ihr Blattwerk sattgrün ist. 'Miss Indigo' bildet gefüllte blaue Blüten mit silbrig gerandeten Blütenblättern an etwa 15 cm hohen Stängeln. Zur Förderung des Wachstums regelmäßig teilen und verpflanzen.

Viola 'Rebecca' (Veilchen)
Die flachen Blüten stehen an 10 cm hohen Stängeln über einem niedrigen Blätterteppich, der sich unter guten Bedingungen schnell ausbreitet. Die Blütezeit beginnt im späten Frühjahr und dauert bis zum Spätsommer. Dann sollte man die Büsche über dem Boden abschneiden, damit die Pflanzen vor der nächsten Blüte Kraft schöpfen können. Regelmäßiges Ausputzen verlängert die Blütezeit.

Cyclamen coum ▷

FRÜHLINGSBOTEN • PFLANZENPORTRÄTS

Erythronium 'Pagoda' *mit* Cardamine quinquefolia *und* Galium odoratum

Für diese drei Pflanzen eignet sich ein feuchter, etwas schattiger Standort, denn sie mögen weder starke Sonneneinstrahlung noch Trockenheit. Das Erythronium ist ein Blickfang, wenn es blüht, aber wie viele andere Zwiebelpflanzen auch wird es nach der Blüte uninteressant. Dann freut man sich über den Waldmeister (*Galium*), dessen Blätter und Blüten wunderbar duften. *Cardamine quinquefolia* ist, wie der Waldmeister, eine zurückhaltende Pflanze, dabei aber sehr reizvoll. Was Größe und Wüchsigkeit angeht, ist dieses Trio recht ausgeglichen, allerdings sollte man darauf achten, dass der Waldmeister dem Cardamine nicht den Platz streitig macht. Die Gruppe ist vor allem im Frühjahr schön, das Blattwerk des Waldmeisters bleibt jedoch den ganzen Sommer und Herbst über frisch und grün. Die Zwiebeln des Erythronium möchten, wenn man sie einmal gesetzt hat, nicht mehr gestört werden, freuen sich aber über eine alljährliche Portion Blattmulch.

Erythronium 'Pagoda'
Höhe *25-35 cm*
Breite *15-20 cm*
Blütezeit *Mittleres bis spätes Frühjahr*
Vorzüge *Herrliche, blassgelbe Blüten mit zurückgeschlagenen Blütenblättern und dunkelgelben Staubblättern. Die glänzenden Blätter sind schwach gesprenkelt.*
Weitere Sorten *E. revolutum 'White Beauty' hat weiße Blüten mit einem braunen Ring in der Mitte; E. dens-canis (Hundszahn) bildet rosaviolette Blüten über stark marmorierten Blättern.*

Cardamine quinquefolia
Diese Pflanze ist eine nahe Verwandte des Wiesenschaumkrauts, das in Nordeuropa auf feuchten Wiesen beheimatet ist. Ihre Blätter sind, wie der Artenname sagt, interessanter als die der wilden Verwandten. Sie bilden einen niedrigen Teppich, aus dem im mittleren und späten Frühjahr die blass malvenfarbenen Blüten sprießen. Die Blüten werden nicht höher als die des Erythroniums.

Galium odoratum (Waldmeister)
Mit seinen Teppichen aus Blattquirlen erweckt der Waldmeister den Eindruck eines besonders wüchsigen Mooses, das mit winzigen, duftenden, kreuzförmigen weißen Blüten gekrönt ist. Im Unterschied zu anderen Boden deckenden Stauden wuchert der Waldmeister nicht. Er breitet sich zwar recht schnell zu einem Busch von etwa 30 cm Durchmesser aus, wird aber auch in der Blütezeit nicht höher als 15 cm.

PFLANZENPORTRÄTS

Erythronium 'Pagoda'

31

Euphorbia myrsinites *mit* Tulipa humilis *und* Anemone coronaria

Der Frühling sollte ein Blütenfest sein, und diesen Effekt erreicht man am besten mit Zwiebelgewächsen. Doch während man sich über diese ganze Pracht freut, sollte man sich auch fragen, was danach geschieht. Vielleicht können Sie sich keinen herzerquickenderen Anblick vorstellen als die frühjahrsblühende *Tulipa humilis* in Kombination mit tiefblauen De-Caen-Anemonen. Aber während des übrigen Jahres, wenn Anemone und Tulpe untergetaucht sind, sollte auf diesem Fleck auch noch etwas zu sehen sein. Wenn Sie die schlangenartigen, niedrigen Quirle der graublättrigen *Euphorbia myrsinites* dazupflanzen, behält das Beet etwas von seiner Anziehungskraft. Die Wolfsmilch blüht mit ihren leuchtend grünen Dolden zwar gleichzeitig mit den Tulpen und den Anemonen, aber als immergrüne (oder besser immergraue) Pflanze mit faszinierender Wuchsform bleibt sie das ganze Jahr über interessant. Sie allein ist ein Verweilen wert, auch wenn die Zwiebelpflanzen längst eingezogen sind.

Euphorbia myrsinites
Höhe *5-8 cm*
Breite *20 cm oder mehr*
Blütezeit Frühes bis mittleres Frühjahr
Vorzüge *Immergrüne oder eher immergraue Staude mit kleinen, spitzen, spiralig angeordneten Blättern an niederliegenden Sprossen. Lebhaft grünlich gelbe Blütendolden.*
Weitere Sorten *Euphorbia cyparissia hat feinere Blätter an aufrechten Sprossen, nicht immergrün. Sie blüht im späten Frühjahr und wuchert, anders als E. myrsinites.*

Tulipa humilis
Eine kleine, verrückte Art, nur 10 cm hoch, die als eine der ersten Tulpen blüht. Die Blütenfarbe ist ein reines, leuchtendes Magentarot, und an der Basis tragen die Blütenblätter innen Flecken in einem samtigen Blauviolett, derselben Farbe, die auch die Staubbeutel bedeckt. Wenn die Sonne scheint, lässt die Tulpe alle Vorsicht außer Acht und öffnet sich vertrauensvoll zu einem flachen Stern.

Anemone coronaria
Dies ist die Gartenanemone, die man auch in Blumengeschäften sieht. Die De-Caen-Gruppe hat ungefüllte, die St.-Bridgid-Gruppe gefüllte Blüten. Auch einzelne Farben sind erhältlich, wie die herrlich blaue 'Lord Lieutenant', die weiße 'The Bride' (rechts) oder die magentarote 'The Admiral'. Jede Knolle bringt nacheinander bis zu 20 Blüten mit bis zu 25 cm Höhe hervor. Ungefüllte Sorten blühen reichlicher als gefüllte.

PFLANZENPORTRÄTS

Euphorbia myrsinites

FRÜHLINGSBOTEN • PFLANZENPORTRÄTS

Helleborus orientalis *mit* Galanthus 'John Gray' *und* Scilla siberica

Die Lenzrose, *Helleborus orientalis*, ist als Gartenpflanze besonders gut geeignet, denn auch wenn sie nicht im strengen Sinne immergrün ist, hinterlässt sie doch nie einen kahlen Flecken. Die Blütenknospen sprießen bereits mitten im Winter, und wenn die Blüten welken, haben sich ringsherum schon die jungen, glänzenden Blätter gebildet. Sie schmücken den Garten, bis der Wachstumszyklus im nächsten Winter von vorn beginnt. Alle Unterarten von *H. orientalis* mit ihren unterschiedlichen Blütenfarben sind empfehlenswert. Die Blüten sind leicht geneigt, daher muss man sich, um die ganze Schönheit ihrer Zeichnung bewundern zu können, auf ihre Höhe begeben. Die Lenzrose ist so faszinierend, dass sie in jeder Pflanzung eine zentrale Stellung einnimmt. Begleiter wie Schneeglöckchen und Scillas sind ihren außergewöhnlichen Blüten nicht im Weg. Das kalkweiße Schneeglöckchen kommt zwischen fast schwarzen Helleborusstauden am besten zur Geltung. Blaue Scillas sind eine gute Ergänzung zu weißen oder blassrosa Lenzrosen.

Helleborus orientalis (Lenzrose)
Höhe *45 cm*
Breite *45 cm*
Blütezeit *Spätwinter bis frühes Frühjahr*
Vorzüge *Langlebige Blüten in vielen Farben von Weiß bis zu dunklem Schieferviolett. Cremeweiße Blüten sind oft gesprenkelt und haben innen dunklere Farben. Schöne, handförmige, wintergrüne Blätter.*
Weitere Sorten *Es gibt über 60 Sorten. Am besten kauft man sie in Blüte, dann kann man die Pflanzen mit den schönsten Zeichnungen auswählen.*

Galanthus 'John Gray' (Schneeglöckchen)
Die in frostigen Wintertagen sehnsüchtig erwarteten Schneeglöckchen sind sehr entgegenkommende Pflanzen. Wenn man sie kurz nach der Blüte mit den Blättern pflanzt, lassen sie sich problemlos ansiedeln. Ungefüllte Schneeglöckchen wie 'John Gray', deren zarte Blüten an fadendünnen Stielen hängen, sind hübscher als die bauchigen gefüllten, die eher wirken, als fehle ihnen die Luft zum Atmen.

Scilla siberica
Die Blüten dieser Art haben ein reineres Blau als die von Scilla bifolia. Suchen Sie nach der herrlichen Sorte 'Spring Beauty', die etwa 10-15 cm hoch wird. Die Zwiebeln 5-8 cm tief und im Abstand von etwa 8-10 cm setzen und jeden Herbst mit gesiebtem Blattmulch bedecken. Sie säen sich unter günstigen Bedingungen reichlich selbst aus.

Helleborus orientalis ▷

FRÜHLINGSBOTEN • PFLANZENPORTRÄTS

Hyacinthus orientalis 'King Codro' *mit* Brunnera macrophylla 'Hadspen Cream' *und* Narcissus 'Thalia'

Wenn ihre Blütezeit vorbei ist, hat die Hyazinthe nicht mehr viel zu bieten. Aber ihr Duft ist nach den Entbehrungen des Winters so betörend und befreiend, dass sie in keinem Frühlingsgarten fehlen darf! 'King Codro' hat ein dunkles, sattes Blau. Wenn die Hyazinthe sich öffnet, ist die Brunnera, das Kaukasusvergissmeinnicht, schon mit den eigenen, blassblauen Blüten übersät. Hyazinthen profitieren von blattreichen Nachbarn, von denen sie sich abheben können. Blaue und weiße Hyazinthen zwischen Kaukasusvergissmeinnicht ergeben eine Wirkung wie das blauweiße Delfter Muster, sehr klar und rein. Dennoch könnte man 'King Codro' auch mit dem blassen, farnartigen Blattwerk des Myrrhenkerbels (*Myrrhis odorata*) kombinieren oder weiße Hyazinthen zwischen dunkle, ledrige *Euphorbia amygdaloides* var. *robbiae* setzen. Gar nicht passen würden weiße Hyazinthen allerdings zu einer cremeweißen Narzisse wie 'Thalia', die hier die cremefarbene Panaschierung der Brunnerablätter hervorheben und ergänzen soll.

Hyacinthus orientalis 'King Codro'
Höhe *10-20 cm*
Breite *6-10 cm*
Blütezeit *Frühes bis mittleres Frühjahr*
Vorzüge *Überwältigender, würziger Duft. Kurze, dichte Trauben mit blauen Blüten, im Garten nicht so kopflastig wie als vorgetriebene Zimmerpflanze.*
Weitere Sorten *Die Blüten können weiß, rosa, blau, zartlila oder blassgelb sein. 'Blue Jacket' bildet große Trauben mit dunkelblauen Blüten; 'City of Haarlem' ist blassgelb; 'Jan Bos' tiefrosa.*

Brunnera macrophylla 'Hadspen Cream' (Kaukasusvergissmeinnicht)
Eine kräftige, wüchsige Pflanze, die vom mittleren Frühjahr bis zum Frühsommer reichlich Rispen mit vergissmeinnichtblauen Blüten bildet. Diese Sorte hat cremefarben umrandete Blätter, die in Sommer und Herbst eine schöne Wirkung erzielen. Es gibt auch eine weiß panaschierte Sorte, die aber, anders als 'Hadspen Cream', in voller Sonne verbrennt. Die Brunnera ist widerstandsfähig und problemlos zu ziehen. Eine Busch wird bis zu 60 cm breit und treibt etwa 45 cm hohe Blütenstängel.

Narcissus 'Thalia'
'Thalia' duftet nicht, das sei gleich vorweg gesagt. Aber Farbe und Form ihrer Blüten sind so schön, dass man bei dieser Narzisse auf den Duft verzichten kann. Sie wird etwa 38 cm hoch und trägt an jedem Stängel zwei bis drei kleine, zarte, cremeweiße Blüten mit schmalen, spitzen Blütenblättern und einem relativ flachen, gekräuselten Kelch. Blütezeit ist das mittlere Frühjahr.

Hyacinthus orientalis 'King Codro'

Leucojum aestivum 'Gravetye Giant' *mit* Helleborus foetidus *und* Eranthis hyemalis

Die Sommerknotenblume (*Leucojum aestivum*), eine nahe Verwandte des Märzbechers, und der Winterling (*Eranthis*) blühen beide, bevor dicht belaubte Bäume wie Bergahorn und Rosskastanie ihr Laubwerk ausbilden. Daher sind sie gut für Standorte unter Bäumen geeignet, die im Frühjahr Sonne haben, im Sommer aber dunkel sind. Die Nieswurz ist es so sehr gewöhnt, übersehen zu werden, dass sie überall wächst. Obwohl sie in nährstoffreichem, feuchtem Boden natürlich zu einer kräftigeren, üppigeren Pflanze wird. Die Sommerknotenblume hat mehr Blätter als die meisten anderen Zwiebelpflanzen. Schon im frühen Winter zeigen sich die ersten Blattspitzen. Die Blüten erscheinen dann in einem üppigen Blätterbusch. Der Winterling blüht zusammen mit der Nieswurz und letztere lange genug, um die ersten Blüten der Knotenblume zu begrüßen. Diese Pflanzung ist also eher auf Kontinuität hin angelegt. Wenn Winterling und Nieswurz sich wohl fühlen, säen sie sich reichlich aus. Dadurch verändern sich im Laufe der Jahre Erscheinungsbild und Schwerpunkt der Gruppe, ein Prozess, den man immer fördern sollte.

Leucojum aestivum **'Gravetye Giant'** (Sommerknotenblume)
Höhe *50-100 cm*
Breite *10-12 cm*
Blütezeit *Mittleres bis spätes Frühjahr*
Vorzüge *Büschel aus hellgrünen Blättern. Blüten ähnlich wie Märzbecher; sie hängen an hohen Stängeln.*
Weitere Sorten *'Gravetye Giant' ist die robusteste Sorte dieser Art. Leucojum vernum, der Märzbecher, hat ähnliche Blüten, aber an viel kürzeren Stängeln, und blüht früher (Spätwinter bis frühes Frühjahr).*

Helleborus foetidus (Stinkende Nieswurz)
Eine Pflanze mit einem solchen Namen hat es schwer. Das ist schade, denn sie ist ein hübsches Gewächs. Im Winter und im frühen Frühjahr werden die dunklen, immergrünen, tief gelappten Blätter von blassgrünen Blütenbüscheln gekrönt, die sich monatelang halten. Und die Pflanze »stinkt« nur dann, wenn man ihre Blätter zerreibt.

Eranthis hyemalis (Winterling)
Winterlinge gehören zu den Zwiebelpflanzen, die als Erste blühen, fast gleichzeitig mit den Schneeglöckchen. Die kräftigen, 5-10 cm hohen Stängel tragen Halskrausen aus leuchtend grünen Blättern, die kugelförmige Blüten umgeben. Versuchen Sie, die Pflanzen gleich nach der Blüte mit den Blättern zu verpflanzen. Sie siedeln sich dann besser an, als wenn man sie aus trockenen Knollen zieht.

FRÜHLINGSBOTEN • PFLANZENPORTRÄTS

Narcissus 'Quail' *mit* Tanacetum parthenium 'Aureum' *und* Euphorbia amygdaloides var. robbiae

Kosten Sie den kräftigen Duft der Narzisse ganz aus, denn wenn er verflogen ist, werden sie ihm nachtrauern. Doch die Narzisse hat auch dunkle, grasartige Blätter zu bieten, die nicht so unansehnlich verwelken wie die Blätter der großen Osterglocken. Zwei nützliche Nachbarn bilden einen guten Hintergrund für die blühende Narzisse und halten die Stellung, wenn sie verblüht ist: der helle, goldene Rainfarn und die nüchterne, dunkle Wolfsmilch (Euphorbia). Letztere gedeiht unter vielen Bedingungen, selbst im Schatten, ist aber eigenwillig und wanderlustig. Im Frühjahr schätzt sie eine Portion Kompostmulch. Wenn nötig, sollte man abgestorbene Stängel herausschneiden und ihren Wandertrieb beschränken. Vor dem dunklen Blattwerk und den limonengrünen Blüten der Wolfsmilch heben die Narzissen sich schön ab. Man muss die Gruppe regelmäßig klein halten, indem man die Wolfsmilch ausreißt, wo sie nicht erwünscht ist, und die Sämlinge des Rainfarns *(Tanacetum)* verpflanzt.

Narcissus 'Quail'
Höhe *35 cm*
Breite *10-12 cm*
Blütezeit *Mittleres bis spätes Frühjahr*
Vorzüge *Duftet großartig, wie fast alle Jonquillen. Jeder Stängel trägt mehrere Blüten; Blütenblätter und Kelche sind satt goldgelb.*
Weitere Sorten *Narcissus jonquilla, die Art, von der die Jonquillen abstammen, ist bezaubernd; niedriger als 'Quail'; die Blüten der Jonquille 'Trevithian' sind zart primelgelb.*

Tanacetum parthenium 'Aureum' (Goldener Rainfarn)

Dieser Rainfarn ist bestenfalls eine kurzlebige Staude, die in Höhe und Breite nie größer als 30 cm wird. Aber sie sät sich so begeistert selbst aus, dass das Problem eher darin besteht, sie im Zaum zu halten. An trüben Wintertagen scheinen die niedrigen Büsche mit ihrem sattgoldenen Blattwerk wie Leuchtfeuer. Die Pflanze ist anspruchslos. Die weißen, margeritenähnlichen Blüten, die im Sommer aufblühen, kann man abschneiden, wenn sie das erwünschte Bild stören.

Euphorbia amygdaloides var. robbiae (Mandelblättrige Wolfsmilch)

Diese immergrüne, mehrjährige Wolfsmilch eignet sich ausgezeichnet zur Besiedlung von halbwilden Flächen im Garten, aber gleichzeitig ist sie so hübsch, dass man sie auch als Beetpflanze verwenden kann. Über den dunklen, lederartigen Blattrosetten bilden sich im Frühling limonengrüne Blütenstände, die lange halten. Die Pflanze wird etwa 30 cm hoch und verbreitet sich durch unterirdische Ausläufer.

PFLANZENPORTRÄTS

Narcissus 'Quail'

FRÜHLINGSBOTEN • PFLANZENPORTRÄTS

Tulipa 'Prinses Irene' *mit* Geranium x riversleaianum 'Mavis Simpson' *und* Euphorbia polychroma 'Major'

In der zweiten Frühlingshälfte sollten die Tulpen im Garten dominieren. Wenn Sie einen schweren, klebrigen Boden haben, den Tulpen gar nicht mögen, setzen Sie die Zwiebeln in einfache Plastiktöpfe, die groß sein sollten. Das Blattwerk von Wolfsmilch, Türkischem Mohn, Fenchel, Storchschnabel, Päonien und vielen anderen Pflanzen ist ausladend genug, um diese Töpfe zu verbergen, wenn die Tulpen in Blüte stehen. Das helle Gelbgrün der Wolfsmilch 'Major' sieht zu orangefarbenen Tulpen wie 'Prinses Irene' wunderbar aus. Leuchtend rote Tulpen wären für die Gruppe jedoch ebenso gut geeignet. Gelb dagegen würde von den Gelbtönen der Wolfsmilch vielleicht verschluckt. Wenn diese kräftigen Farben verschwunden sind, beginnt die Blütezeit des Storchschnabels. Wenn man daran denkt, die Stängel nach der ersten Blüte abzuschneiden, blüht er bis in den Herbst hinein.

Tulipa **'Prinses Irene'**
Höhe *30-35 cm*
Breite *10-12 cm*
Blütezeit *Mittleres Frühjahr*
Vorzüge *Die orangefarbenen Blütenblätter sind violett und zartgrün gestreift und geflammt. Eine ungewöhnliche Tulpe mit blassgrüner Narbe, gelben Staubblättern und olivgrünen Staubbeuteln.*
Weitere Sorten *'Annie Schilder' hat Blüten von einem dunkleren Orange; 'Yokohama' ist gelb mit eleganter, schmaler Knospe.*

Geranium x *riversleaianum* **'Mavis Simpson' (Storchschnabel)**
Die von dieser Hybride abstammenden Storchschnabelsorten sind halb immergrüne, Gruppen bildende Stauden mit rundlichen, graugrünen Blättern und einer Blütezeit von Frühsommer bis Herbst. 'Mavis Simpson' hat klare, hellrosa Blüten mit blasser Mitte. 'Russell Prichard' bildet ähnliche, aber dunkel magentarote Blüten. Eine einzelne Pflanze kann sich über einen ganzen Quadratmeter ausbreiten, wird aber kaum 30 cm hoch.

Euphorbia polychroma **'Major' (Wolfsmilch)**
Diese Wolfsmilch bildet rundliche Blätterbüsche von etwa 50 cm Höhe und Breite. Sie verhält sich wie eine echte Staude, nicht wie ihr größerer Vetter, die strauchige E. characias (siehe S. 80). Doch ihre Brakteen, die die unscheinbaren Blüten unterstützen, leuchten intensiv, fast fluoreszierend grünlich gelb. Die Blütezeit ist vom mittleren bis zum späten Frühjahr.

PFLANZENPORTRÄTS

Tulipa 'Prinses Irene'

KÖNIGSFARN & ENGELWURZ

WENN EIN GARTEN DAUERHAFT FREUDE machen soll, darf man nicht nur den Blüten Aufmerksamkeit schenken – sie sind bloße Zugaben, die Rosinen im Kuchen. Auswählen sollte man die Pflanzen nach anderen Kriterien. Welchen Habitus hat die Pflanze? Welche Form haben die Blätter? Welche Struktur hat die Blattober-

Vom Frühling zum Sommer

fläche? Wenn man diese Faktoren berücksichtigt, ist es möglich, interessante Pflanzengruppen zu gestalten, in denen die Blüten nicht mehr die Hauptrolle spielen. Nehmen wir die Sockenblumen *Epimedium grandiflorum* 'Nanum' mit weißen, *Epimedium* x *rubrum* mit karminroten und *Epimedium davidii* mit gelben Blütentrauben. Diese zarten, häufig gespornten Blüten sind zauberhaft.

Erfrischende Farben
Limonengrün ist ein lebhafter Farbton, der sich gut mit allen anderen Farben kombinieren lässt – hier eine Smyrnium perfoliatum, *eine zweijährige Pflanze. Vergissmeinnicht gedeihen unter den gleichen Bedingungen und sind natürliche Gesellschafter.*

KÖNIGSFARN & ENGELWURZ

Struktur und Form
Farne wie dieser Straußenfarn (Matteuccia struthiopteris) *sind sich auch ohne Blüten ihrer Schönheit gewiß. Die elegante, vasenförmige Form bildet einen schönen Kontrast zu den kräftigen, handförmigen Blättern der* Rodgersia podophylla.

Epimedium x *perralchicum*, S. 72

Sie wachsen an kräftigen, drahtigen Stängeln hoch über dem Blattwerk. Nach einem Monat jedoch sind sie verblüht – und was trägt die Pflanze dann in den nächsten elf Monaten zur Schönheit des Gartens bei? Sehr viel, denn sie hat herrliches Blattwerk. An dünnen, steifen Stängeln stehen oft dreifach geteilte Blätter. Das oberste Blatt ist symmetrisch ausgewogen, die beiden Blätter darunter stehen einander gegenüber und sind unregelmäßig herzförmig, wobei der jeweils äußere Teil wie von unsichtbarer Hand zur Erde gezogen wird.

Ist die Blütezeit vorbei, sind die jungen Blätter fast ausgewachsen und ersetzen altes Blattwerk, das den Winter überdauert hat. Bei *Epimedium* x *rubrum* sind die Blätter mahagonibraun umrandet und getönt. Form und Farbe und bei manchen Arten auch der Glanz der Blätter machen die Sockenblume zum idealen Pflanzpartner in gemischten Rabatten, etwa zusammen mit Alpenveilchen, bei denen die Blätter ebenfalls genauso wichtig sind wie die Blüten. Auch zu Helleborus, besonders zu den handförmigen Blättern des *Helleborus orientalis*, passt die Sockenblume gut. Damit Sockenblume, Alpenveilchen und Helleborus üppig wachsen, muss man ihnen allerdings kühlen, feuchten, humusreichen Boden bieten.

DER ZAUBER DER FARNE

Farne haben eine so starke Ausstrahlung, dass sie ganz auf Blüten verzichten können. Für sie zählt nur die Form. Und mit den entsprechenden Partnern bilden sie schöne Kontraste. Pflanzen Sie den Gemeinen Wurmfarn *(Dryopteris filix-mas)*, dessen Wedel sich langsam entrollen, hinter Teppiche aus silberblättriger Taubnessel und setzen Sie Straußenfarne *(Matteuccia struthiopteris)* zwischen dickblättrigen Steinbrech.

Matteuccia struthiopteris, S. 152

Farne bleiben im Verborgenen, wenn wir vorbeigehen. Sie wachsen still und warten ab, bis wir sie bemerken.

Farne machen uns unversehens zu ihren Bewunderern, denn sie halten viele hinreißende Überraschung für uns bereit. Plötzlich produzieren sie an den Blattenden petersilienähnliche Verzierungen. Ihre gefiederten Wedel sind komplizierter aufgeteilt als das Amazonasdelta. Selbst ein scheinbar schlichter Farn wie der Hirschzungenfarn *(Asplenium scolopendrium)* kräuselt manchmal einfach seine Blattränder oder versucht es mit einem schwarzen Stängel statt mit einem grünen. Doch alle Farne halten sich an die Gesetze der Symmetrie, so dass sie trotz ihrer Extravaganzen anmutig wirken. Anmut ist vielleicht die wichtigste Eigenschaft der Farne, und sie ist gepaart mit Unaufdringlichkeit. Farne bleiben im Verborgenen wenn wir vorübergehen. Sie wachsen still vor sich hin und warten ab, bis wir bemerken, was sie vorhaben.

Asplenium scolopendrium, S. 26

Alle Farne bevorzugen Schatten, aber der Goldschuppenfarn *(Dryopteris affinis)* und der Borstige Schildfarn *(Polystichum setiferum)* arrangieren sich auch mit der Sonne, besonders wenn man die Wurzeln mit Mulch kühl hält. Setzen Sie rosa Schlafmohn oder eine hohe gelbe Primel wie die *Primula florindae* dazu. Die große Familie der Tüpfelfarne ist ebenso

Polystichum setiferum 'Pulcherrimum Bevis', S. 96

Polypodium interjectum 'Cornubiense', S. 210

Iris orientalis, S. 94

Jungfer im Grünen: *Nigella damascena* 'Miss Jekyll', S. 170

anspruchslos. Der Gemeine Tüpfelfarn *(Polypodium vulgare)* sät sich zwischen den Ästen alter Obstbäume selbst aus oder siedelt sich zwischen Treppenstufen an. Nach einer Woche ohne Regen ziehen sich die Wedel ganz zusammen, breiten sich aber erneut aus, sobald es wieder feucht wird. Wenn die Tüpfelfarne Gartenmauern besiedeln, suchen sie sich meist die Nordseite aus.

Wie sich Farnwedel entrollen, kann man am besten beobachten, wenn man die alten Wedel vor dem Austreiben der jungen entfernt. Dieser spannende Prozess verläuft bei allen Farnen unterschiedlich. Den Salto rückwärts beherrschen allerdings nur die Schildfarne *(Polystichum)*.

DER IRISKALENDER

Schwertförmige Blätter sind in gemischten Pflanzungen von großem Wert, denn sie setzen in den etwas einförmigen, rundlichen Polstern, zu denen sich viele mehrjährige Pflanzen entwickeln, deutliche Akzente. Nehmen Sie zum Beispiel die anspruchslose *Iris orientalis*. Ihre weißen Blüten mit gelber Mitte erscheinen im Frühsommer. Die Blätter werden schon im späten Frühjahr 90 cm hoch, schieben sich durch die Polster der Wiesenraute oder geben der etwas dürren Schafgarbe Rückgrat. Diese Iris kommt in jeder Art von Gesellschaft zurecht. Sehr ähnlich sind die Monspur-Iris, die ebenfalls zur Gruppe der *Spuria*-Iris gehören. Sie bilden große Büschel mit den gleichen kräftigen, aufrechten Blättern wie denen der *Iris orientalis*, tragen aber blaue Blüten in Form der klassischen Schwertlilienblüte. Kombinieren Sie die Monspur-Iris mit Glockenblumen und Lupinen. Um denselben Effekt im Kleinen zu erhalten, pflanzt man zum Beispiel die *Iris pallida* 'Variegata', die wie die Bartiris flache Blattfächer bildet. Diese sind breit, weißlich bereift und bei dieser Sorte cremefarben gestreift, die Blüten blassblau. Diese Iris eignet sich als verbindendes Element – etwa zwischen den Nachzüglern einer Gruppe von Jonquillen und den ersten Blüten einer tiefvioletten Akelei. Auch im Blattwerk der Jungfer im Grünen sieht sie bezaubernd aus.

Alle diese Irisarten nehmen Ortswechsel übel. Sie brauchen Zeit, um sich anzusiedeln. *Spuria*-Iris pflanzt man am besten im Herbst in gut durchgearbeitetem Boden, aber nicht tiefer als 5 cm. *Iris pallida* braucht mehr Sonne, und man kann sie im Sommer pflanzen. Die Rhizome dürfen aus dem Boden herausschauen, damit sie viel Wärme bekommen. Wenn man sich etwas Zeit nimmt, um die Kataloge durchzublättern, kann man

sieben Monate im Jahr blühende Iris finden. Man beginnt mit einer kleinen Zwiebeliris wie der *Iris histrioides* aus der Türkei oder der *Iris reticulata* aus dem Kaukasus, die im Spätwinter und im frühen Frühjahr blühen. Auch auf die winterblühende *Iris unguicularis* sollte man nicht verzichten. Sie stammt aus Algerien, ist Hitze gewöhnt und gedeiht gut in kargem Boden vor einer sonnigen Mauer.

In der Mitte des Frühjahrs erwarten uns die ersten zwergwüchsigen Bartiris, die aus der europäischen Art *Iris pumila* gezüchtet wurden. Im späteren Frühjahr begleiten uns dann die verschiedenen holländischen Zwiebeliris, die man als Schnittblumen in schmalen Bündeln in Blumengeschäften sieht – Vorboten besserer Zeiten, wenn das Wetter draußen noch scheußlich ist. Pflanzt man diese Zwiebeliris im Herbst, blühen sie meistens im späten Frühjahr. Sie nehmen wenig Raum ein und lassen sich sehr schön zwischen Stauden wie Storchschnabel, Sterndolden und Glockenblumen setzen, deren Blattwerk sie zu dieser Jahreszeit noch nicht

Feucht und sonnig

Sibirische Iris wie diese Iris sibirica *'Placid Waters' wachsen am besten in feuchtem Boden und bei voller Sonne, Bedingungen, die auch der goldblättrigen Segge (*Carex elata *'Aurea') im Hintergrund gefallen. Die papierartigen Blüten von* Astrantia major *'Roma' machen diese Gruppe lange Zeit zu einem Blickfang.*

erdrücken. Die Blätter der Iris sind grasähnlich dünn, und wenn sie verblüht ist, verschwindet die ganze Pflanze im Boden.

Doch die große Zeit der Iris ist der Frühsommer. Auf steifen Stängeln blühen jetzt die prachtvollen großen Bartiris mit ihren grauen Blattfächern. Auch die bartlose *Iris sibirica* steht in Blüte. Sie ist zwar nicht so auffällig, eignet sich daher aber besser für gemischte Pflanzungen. Außerdem erscheinen die herrlich rotvioletten, nach Pflaumen duftenden Blüten der Zwergart *Iris graminea*. Sie ist ideal für den vorderen Rand eines sonnigen Beetes, denn die grasähnlichen Blätter werden höchstens 30 cm hoch. Kombinieren Sie *Iris graminea* mit Küchenschelle *(Pulsatilla vulgaris)* und Akelei.

Pflanzengruppen arrangieren – das sollte dem Gärtner keine schlaflosen Nächte bereiten.

Bartiris: *Iris* 'Jane Phillips', S. 84

Iris sibirica, S. 86

Irisblüten sind aus drei Schichten aufgebaut: Die drei äußeren Blütenblätter nennt man Hängeblätter; die drei aufrechten, inneren Blütenblätter sind die Domblätter; und in der Mitte schützen drei so genannte Narbenlappen die Staubbeutel. Die Bartiris tragen in der Mitte auf den Hängeblättern kleine Härchen. Sie haben von allen Irisarten die auffälligsten Blüten, aber es ist nicht so leicht, sie richtig zu platzieren. Sie brauchen mindestens einen halben Tag lang volle Sonne und vertragen es nicht, wenn andere Pflanzen ihre Rhizome beschatten. Am besten ist leichter, alkalischer Boden.

Die Bartiris reichen von zwergwüchsigen – nicht höher als 15 cm – bis zu großen Sorten, die über 1,2 m hoch werden können. Die modernen Züchtungen bilden zum Teil prächtige, gefranste und gerüschte Blüten, scheinen aber auch anfälliger für Krankheiten zu sein. Zu den schlimmsten Plagen gehören Blattflecken; das sind kleine, runde, bräunlich graue Flecken, die gleich nach der Blüte auftauchen und sich erschreckend schnell ausbreiten. Erst welken die Blattspitzen, dann fällt das ganze Blatt zusammen. Fungizide helfen, wenn man vor der Blüte mit dem Spritzen beginnt und das alle zehn bis 14 Tage wiederholt.

Der französische Maler Claude Monet liebte die Iris. In seinem berühmten Garten in Giverny säumen sie in eindrucksvollen langen Reihen schmale Beete. Es handelt sich hierbei um Hochbeete, ähnlich wie Spargel-

Pulsatilla vulgaris, S. 98

Perfektes Bündnis

Bartiris in gemischten Pflanzungen unterzubringen ist nicht leicht, denn wenn sie schön blühen sollen, müssen ihre Rhizome in der Sonne reifen. Doch manche Einjährige wie diese Jungfer im Grünen (Nigella damascena) *sind so leicht und luftig, dass sie die Blüte der Iris hervorheben, ohne ihr in die Quere zu kommen.*

beete, und der Garten selbst ist offen und bekommt keinen Schatten. Solche Bedingungen hat die Bartiris gern: durchlässigen Boden und viel Sonne für die Reifung der Rhizome. Um den authentischen Giverny-Effekt zu erhalten, kombiniert man die Iris mit Wollziest *(Stachys byzantina)*, Veilchen, rotvioletten Tulpen, malvenfarbenen Nachtviolen, hohem, schwankendem Zierlauch, dunkelrotem Goldlack, Blaukissen und Schlafmohn. Doch denken Sie daran, dass die Iris in Giverny auch so gut gedeihen, weil sie an den Rändern der Beete stehen und nicht überdeckt werden. Auch in gemischten Beeten oder Rabatten sollte man sie daher an den Rand setzen, damit die Rhizome Licht und Sonne bekommen.

Pflanzen in Gruppen zu arrangieren sollte der schönste und vergnüglichste Teil der Gartengestaltung sein und dem Gärtner weder schlaflose Nächte noch Kopfzerbrechen bereiten. Wenn die Hauptpflanzen richtig ausgewählt sind, wirken sie wie von selbst in Kombination mit anderen gut. Und manche Pflanzenarten wie Iris, Veilchen, Tulpen, Pfingstrosen und Zierlauch sind an sich schon atemberaubend schön.

FREUNDLICHE GESICHTER

Wenn man Veilchen für sich gewinnen möchte, setzt man sie in schweren, feuchten Boden; und besser in den Halbschatten als in die pralle Sonne. Alle Veilchen haben fünf Blütenblätter: Zwei bilden oben die rundlichen Ohren, zwei an den Seiten die Wangen und eines unten das Kinn. Trotzdem können die Blütenformen ganz unterschiedlich sein. Sanft abgerundete Blütenblätter fügen sich zu Mondgesichtern zusammen, während schmalere Blütenblätter eher lange, spitze Gesichter ergeben, wie bei der Sorte 'Ardross Gem'.

Viola 'Ardross Gem', S. 106

Dieses Veilchen breitet erst einen niedrigen Blätterteppich aus, bevor es an drahtigen, 18 cm hohen Stängeln Blüten bildet. Auf diese Weise wirkt es ganz anders als Sorten, die ihre Blätter in der Blütezeit gern um sich haben und sich ihr Blattwerk wie einen Schal um die Schultern legen. Kombinieren Sie 'Ardross Gem' mit silberblättrigem Moossteinbrech und zwergwüchsigem rosa Storchschnabel wie *Geranium sanguineum* var. *striatum*. 'Ardross Gem' wächst auch gut im Topf, allerdings nicht so üppig wie im Freien. Dieser sollte mindestens 18 cm Durchmesser haben, sonst wird die Pflanze zu schnell trocken. Man darf sie auch nicht in die pralle Sonne stellen. Gut zur Geltung kommen eingetopfte Veilchen neben Töpfen mit einfarbigen Sukkulenten wie *Aeonium* und *Echeveria*.

VOM FRÜHLING ZUM SOMMER

Die Farben der Veilchen sind im Allgemeinen nicht rein. Blautöne gehen eher ins Violette über und gelbe Blüten sind auf der Rückseite häufig violett überlaufen, so dass der Primärfarbe die Intensität genommen wird. Einfarbige Blüten gibt es nur selten. Selbst die 'Nellie Britton' (syn. 'Haslemere'), die mit ihrem herrlichen, matten Malvenrosa einfarbig wirkt, hat einen Stern aus dunklen Strahlen mit einem winzigen gelben Zentrum auf den Blütenblättern.

'Nellie Britton' passt gut zu Blättern von Helleborus wie zum Beispiel *Helleborus* x *sternii* 'Boughton Beauty'. Beide brauchen die gleichen Wachstumsbedingungen, und ihre Farben gehören zur selben Palette, so dass man das ausgefallene Rosa des Veilchens etwas abgedunkelt auf den Helleborusstängeln wiederfindet. 'Vita' ist ähnlich, vielleicht eine Spur bräunlicher. Veilchen sind unkomplizierte Gartenpflanzen, denn sie stellen kaum Ansprüche und lassen sich gut mit Pflanzen kombinieren, die eine ganz andere Blütezeit haben. Sie können etwa die absterbenden Blätter von Herbstzeitlosen (*Colchicum*) kaschieren, die im späten Frühjahr äußerst unansehnlich werden. Und die Herbstzeitlosen bilden genau dann ihre

Liebste Molly ...

'Irish Molly' ist zwar nicht leicht zu kultivieren, aber mit ihren ausgefallenen, rostfarbenen Blüten gehört sie zu den schönsten Veilchensorten von allen. Die flaumigen, gelbgrünen Blütenköpfe von Alchemilla mollis *nehmen das eigentümliche, im Veilchen verborgene Gelb auf.*

Colchicum agrippinum,
S. 206

Knospen, wenn man die Veilchen zur Winterruhe zurückschneidet. So geht eine Blüte nahtlos in die nächste über – theoretisch jedenfalls, denn es kostet immer Überwindung, die Herbstblüte der Veilchen abzuschneiden. Neben dem Ausputzen ist das jedoch die einzige Arbeit, die nötig ist, um die Pflanzen gesund und kräftig zu erhalten.

Dass man die Farben der Veilchensorten nie ganz genau bestimmen kann, ist ein Vorteil, denn mit ihren Mischtönen passen sich Veilchenblüten wie Chamäleons ihrer Umgebung an. Die silbrig malvenfarbenen Blüten von 'Maggie Mott' wirken mit grauem Beifuß kühl, verändern ihren Charakter aber völlig, wenn man sie mit den wärmeren Farbtönen von Verbenen kombiniert. Maggie Mott lebte übrigens als Mädchen in

Die silbrige Farbe der Veilchen gleicht von weitem einer glitzernden Wasseroberfläche.

einem Haus namens Scotswood in Sunningdale in der englischen Grafschaft Berkshire. Ihre Familie hatte einen Gärtner, der in Veilchen vernarrt war. Er nannte einen Sämling nach der Tochter des Hausherrn und stellte die Pflanze mit Erfolg der Royal Horticultural Society vor. 1904 war sie bei den Auswahlprüfungen für Veilchen dabei und seither wird sie kultiviert.

Zu Ehren kam die Sorte um 1930 in Indien, als der Gartenarchitekt John Codrington sie in den Gärten des Amtssitzes von Sir Philip Chetwode, Oberbefehlshaber in Delhi, anpflanzte. Dieser hatte großartige Pläne für einen See am Ende einer Allee, der sich aber als zu teuer erwies. So bepflanzte Codrington stattdessen einen großen Kreis mit 'Maggie Mott'. Die silbrige Farbe der Veilchen erweckte von weitem den Anschein, als handle es sich tatsächlich um eine glitzernde Wasseroberfläche.

Das dunkelste Veilchen, vielleicht die schwärzeste Blume überhaupt, ist 'Molly Sanderson', deren Blütenblätter wie sündhaft teurer Satin schimmern. Diese Sorte ist nicht so leicht zu platzieren wie andere Veilchen. Noch vor relativ kurzer Zeit waren – glücklicherweise nicht lange – schwarze Gärten in Mode. Man sah 'Molly Sanderson' neben dem schwarzen, grasartigen Schlangenbart (*Ophiopogon pleniscarpus* 'Nigrescens') und der dunklen, nach Schokolade duftenden Kosmea *(Cosmos atrosanguineus)*. Weiße Blüten passen schlecht zu diesem dunklen, gesättigten Farbton, denn der Kontrast ist zu groß. Besser ist das Rauchblau einer Veronika wie 'Spode Blue' oder 'Ionian Skies', oder das Magenta einer Verbene.

Wenn Sie Veilchen pflanzen möchten, sollten Sie an Kühle und Feuchtigkeit denken. Im trockenen Schatten unter Bäumen gedeihen sie ebenso wenig wie in leichtem Boden bei voller Sonneneinstrahlung. Mulchen tut ihnen sehr gut, denn es hält die Feuchtigkeit im Boden und die Wurzeln bleiben kühl. Auch Flüssigdünger hilft, besonders beim Aufpäppeln der Pflanzen, nachdem man sie im Herbst abgeschnitten hat. Leider sind Veilchen ein Leckerbissen für Schnecken.

VON TULPEN UND GOLDLACK

Tulpen kann man nie zu viele haben. Das ist eine der wenigen unfehlbaren Regeln beim Gärtnern. Es gibt Tausende von Tulpensorten, aber einige der interessantesten finden sich in den Gruppen der einfachen, späten Tulpen und der Lilienblütigen Tulpen (manchmal auch Landhaus-Tulpen genannt). Diese Gruppen haben eine lange Tradition, die manchmal noch durchschlägt, so dass sie erstaunliche Blüten bilden, in Farben und Formen, die man selten sieht. Versuchen Sie es mit 'Alabaster', einer rein weißen Tulpe, die es seit 1942 gibt. Sie wird etwa 60 cm hoch und blüht im späten Frühjahr. Oder nehmen Sie 'Vlammenspel', eine Abart der hervorragenden alten englischen Tulpe 'Inglescombe Yellow', die nicht mehr erhältlich ist. 'Vlammenspel' ist eine gelbe Tulpe, die orange und rot gezeichnet und geflammt ist und etwa 50 cm hoch wird. Die Lilienblütige Tulpe 'White Triumphator' lässt sich gut mit gelber Gemswurz (*Doronicum*) oder mit einer Wolke blauer Vergissmeinnicht kombinieren.

Tulipa sprengeri, S. 104

Legen Sie sich einen Vorrat an Aufsehen erregenden Tulpen an. Man kann sie in einfachen schwarzen Plastiktöpfen ziehen und dann auf freie Flächen in Beeten oder Rabatten stellen. Im mittleren bis späten Frühjahr wächst das Blattwerk so schnell, dass die Blätter von Pfingstrosen, Glockenblumen oder Fencheln die Töpfe bald verdecken, wenn das nötig ist. Man kann zum Beispiel Töpfe mit der wunderbaren Tulpe 'Blue Parrot' neben das zurückhaltende, hübsche Blattwerk der Funkie 'Krossa Regal' setzen. Es ist eher graugrün, und die Stiele werden ungewöhnlich hoch, bevor sich die eleganten, nicht zu breiten Blätter entwickeln.

Hosta 'Krossa Regal', S. 164

Ungeahnte Tiefen

Violett gehört zu den sattesten Farben, die dem Gärtner zur Verfügung stehen, und Tulpen bieten diese in großer Auswahl. Eine Kombination nur mit blauen Vergissmeinnicht könnte zu dunkel und zu ernst wirken, deswegen belebt hier cremefarbener Goldlack die Pflanzung.

Blumentöpfe haben noch einen weiteren Vorteil: Wenn Sie schweren, klebrigen Lehmboden haben, der sich denkbar schlecht für Zwiebeln eignet, können Sie in Töpfen für eine gute Drainage sorgen. Auf den Boden kommen 2–3 cm grober Sand, dann Kompost, in den man die Zwiebeln bettet, und schließlich eine Schicht Kompost zum Zudecken. Das ist viel einfacher, als wenn man versucht, Löcher in tiefgründigen Lehm zu graben, wohl wissend, dass dieser früher oder später zum Sarg für die Zwiebeln werden wird, denn für sie sollte der Boden am besten durchlässig sein wie ein Sieb. Ein Zwiebelpflanzer eignet sich gut zum Zwiebelsetzen im Gras.

Für besondere Stellen nimmt man Ziertöpfe, aber für die Lücken in einer Pflanzung reichen billige Plastiktöpfe. Sie sollten mindestens 30–35 cm Durchmesser haben, damit man auch genügend Zwiebeln hineinsetzen kann, um einen wirkungsvollen Farbtupfer in ein Beet zu zaubern. Für die untere Hälfte des Topfes können Sie Ihren eigenen, ungesiebten Kompost verwenden, denn die unverrotteten Stückchen von Stängeln und

VOM FRÜHLING ZUM SOMMER

Stielen machen den Boden gut durchlässig. Decken Sie die Tulpenzwiebeln mit durchgesiebtem Kompost zu. Eine abschließende Schicht aus Kieselsteinen hält Vögel und Schnecken ab.

Wenn Sie Violett lieben, steht Ihnen eine große Auswahl an Tulpen zur Verfügung. 'Negrita' gehört zur Gruppe der Triumph-Tulpen. Sie bildet häufig mehr als die üblichen sechs Blütenblätter, so dass ihre Blüten voll und üppig erscheinen. Ihre Höhe beträgt etwa 45 cm und sie blüht im späten Frühjahr. 'Purple Prince' ist ebenfalls eine gute Sorte, etwas früher blühend und nicht so hoch wie 'Negrita', hat aber den gleichen satten, glänzenden Farbton. Diese zauberhafte Familie enttäuscht nur selten. 'Dreaming Maid' hat im Gegensatz dazu eine kleine, hellviolette Blüte, die schlechtes Wetter übel nimmt. Auch der Blütenboden ist eher unscheinbar, blassblau mit blass cremefarbenen Staubblättern. 'Arabian Mystery', deren Blüte oft als »wundervoll sattviolett mit silberweiß gerandeten Blütenblättern« beschrieben wird, wirkt mit ihren silbrigen Blütenrändern eher kränklich und vom Licht ausgebleicht. Ein Schmuckstück ist dagegen die violette 'Bleu Amiable'. Kombinieren Sie diese Sorte mit der Lilienblütigen Tulpe 'China Pink' in einer Gruppe aus Vergissmeinnicht,

Bravourstück

Zwei rötlich orangefarbene Lilienblütige Tulpen, 'Dyanito' und 'Ballerina', stehen hier vor einem Hintergrund aus Euphorbia x martinii. Da die Tulpen selbst nur mittelmäßige Blätter haben, sehen sie am besten aus, wenn sie vom Blattwerk der Pflanzen in ihrer Umgebung profitieren können.

57

Sattes Goldbraun

Brauntöne wie Kastanie, Mahagoni und Toffee sind der wertvolle Beitrag, den der Goldlack im späten Frühling leistet. Nur wenige andere Pflanzen bieten eine so eigentümliche Farbpalette. Vor dem fedrigen Blattwerk des Fenchels heben sich die Blüten perfekt ab.

Tulipa 'Prinses Irene', S. 42

panaschierten Funkien und der eleganten *Gladiolus tristis*. Die beste unter den violetten Tulpensorten jedoch ist die Papageientulpe 'Blue Parrot', die allerdings nicht blau ist, denn Blau gehört zu den wenigen Farben, die bei Tulpen nicht vorkommen. Verglichen etwa mit 'Weber's Parrot' ist sie auch nicht besonders papageienhaft. Ihre Blütenblätter krümmen sich leicht nach innen, so dass die Blüte recht kompakt wirkt. Die Farbe ist ein schönes, altmodisches Violett, das auch den oberen Teil des Blütenstängels überläuft. Der Blütenboden ist überraschenderweise pfauenblau. Die Blätter sind eher schmal und spitz und im Verhältnis zur Blüte nicht zu groß, wie bei so manch anderen Tulpen.

'Blue Parrot' ist eine elegante, klassische Tulpe, die im späten Frühjahr zur Blüte kommt. Auch die rote 'Cantata', die cremeweiße 'Magier' und die orangefarbene 'Prinses Irene' sollten in keinem Garten fehlen. Tulpen sind natürliche Gefährten für Goldlack, und auch wenn dieser oft falsch eingesetzt wird, wirkt er doch nie langweilig. Seine satten, goldbraunen Farbtöne harmonieren gut mit Tulpen und Narzissen und sein Duft, wenn ein warmer Sonnenstrahl ihn hervorkitzelt, ist ein wunderbares Mittel gegen die Trägheit, die noch vom Winter übrig geblieben ist. Im späten Frühjahr sollte der Garten ein Paradies der Düfte sein – und ein Schnuppern am Goldlack kann einen ganzen Reigen von Erinnerungen wachrufen.

Eine der wenigen unfehlbaren Regeln beim Gärtnern ist: Tulpen kann es nie zu viele geben.

Es ist nicht einfach, sich den Duft des Goldlacks genau vorzustellen. Er duftet nach Gewürzen, aber nach welchen? Merkwürdig, dass ein so beeindruckender Duft vollkommen aus dem Gedächtnis verschwinden kann. Goldlack wirkt in der Masse. Einzelne Pflanzen haben etwas Kümmerliches, denn genau genommen sind sie nicht schön, und bei schlechter Pflege werden sie zu dürren, staksigen Gebilden. Sie besitzen jedoch ein außergewöhnliches Potenzial. Wenn man so viel Platz hat, dass die Pflanzen sich zu mehrjährigen Stauden auswachsen können, die sie auch von Natur aus sind, dann entwickeln sie sich zu ehrwürdigen Exemplaren, ganzen Büschen, die vom Rand eines höher gelegenen Beetes oder, was die größte Wirkung erzeugt, aus einem Riss in einer Mauer herabhängen. Neben seinem Duft überzeugt der Goldlack durch eine schöne, dunkle Farbpalette, die sattes Mahagoni, blasses Cremeweiß, rauchiges Violett und glühendes Rubinrot umfasst. Eine Samenmischung heißt 'Persian Carpet', ein Name, der die Farbwirkung des Goldlacks gut beschreibt.

Wenn Sie Goldlack mit Zwiebelpflanzen kombinieren, sollten Sie ihn vor den Zwiebeln setzen, damit Sie dabei nicht aus Versehen schon im Boden versteckte Zwiebeln aufspießen. Wenn Sie Goldlack kaufen und nicht selbst ziehen, dann bedenken Sie, dass Sie im folgenden Frühjahr das erhalten werden, was Sie im Herbst kaufen. Wenn Sie mickrige Pflänzchen erwerben, sind diese auch im Frühjahr in der Blüte kümmerlich, denn während des Winters wachsen sie nicht. Halten Sie daher nach Pflanzen mit gut entwickelten, rundlichen Blattkronen Ausschau und

Vielfalt der Blütenformen

Lange nachdem diese schönen violetten Iris verschwunden sind, erfreuen die kugeligen Blütenstände von Allium hollandicum 'Purple Sensation' das Auge immer noch. Sie bleichen allmählich zu einem geisterhaften Strohgelb aus, halten auf ihren kräftigen Stängeln aber bis zum Winter.

bringen Sie Ihre Neuerwerbungen möglichst schnell in den Boden. Die Höhe hängt in gewissem Maß von der Sorte ab. Die üblichen Sorten werden etwa 45 cm hoch, aber es gibt auch verschiedene Zwergsorten, die wesentlich kleiner bleiben. Sie sind nützlich, wenn man die Grundstimmung einer Jahreszeit in einem Blumenkasten einfangen möchte.

Zusammen mit Levkojen und Bartnelken ist der Goldlack eine typische Pflanze für den Bauerngarten. Im 19. Jahrhundert gelangte er im Zuge der Begeisterung für Rabatten zwar auch in herrschaftliche Gärten, aber er galt nie als schick. Heute können die Snobs unter den Pflanzenliebhabern über 'Persian Carpet' die Nase rümpfen und sich vornehmere Sorten wie 'Bloody Warrior' mit den ochsenblutroten, gefüllten, recht weit auseinander stehenden Blüten aussuchen. 'Bloody Warrior', die gefüllte gelbe 'Harpur Crewe', die ähnliche, aber kleinere 'Baden-Powell' und das

Der Duft des Goldlacks kann einen ganzen Strom von Erinnerungen wachrufen: an eine bestimmte Jahreszeit, ein besonderes Essen oder ein rauschendes Fest.

dem Goldlack ähnliche *Erysimum* 'Bowles Mauve' mit blaugrauem Blattwerk und den zartvioletten Blüten sind alle spezielle Sorten, die später als die üblichen, aus Samen gezogenen Sorten zur Blüte gelangen – normalerweise nicht vor dem späten Frühjahr. Kombinieren Sie 'Primrose Monarch' mit blassblauen Stiefmütterchen oder, wenn sie stärkere Kontraste wünschen, mit schwarzen Veilchen. Um den echten Monet-Effekt zu erzielen, pflanzt man reingelben Goldlack zusammen mit Vergissmeinnicht. Unterstreichen Sie die satten Mahagonitöne durch Tulpen wie die bräunliche 'Abu Hassan' oder die elegante lilienblütige 'Queen of Sheba'.

HIMMLISCHE PFINGSTROSEN

Die altmodischen, spät blühenden Landhaustulpen passen gut zu den ebenso altmodischen, tiefpurpurroten, gefüllten Päonien oder zu Pfingstrosen. Den Namen Päonie erhielt die Pfingstrose nach Paeon, dem Arzt der griechischen Götter, denn die alte europäische Sorte *Paeonia officinalis*

Blätterwald

Eine hübsche Pflanzengruppe für Gewässerränder: Rodgersia pinnata, *die bronzeblättrige* Rodgersia pinnata 'Superba', Astilboides tabularis *mit den riesigen, rundlichen, gezackten Blättern und die bereiften, blauen Blätter der Funkie* 'Big Daddy'.

wurde als Allheilmittel betrachtet. Es hieß, mit ihr ließen sich Gelbsucht, Nierenschmerzen und Epilepsie kurieren, sie schütze vor Alpträumen und helfe bei Depressionen. Als Gartenblume wurde sie erst um die Mitte des 19. Jahrhunderts bekannt, als die französischen Gärtner Calot, Dessert und Crousse Kreuzungen aus *Paeonia officinalis* und der chinesischen Art *Paeonia lactiflora* zu züchten begannen. Heute stehen mindestens 150 Hybriden sowie einige elegante Arten zur Auswahl.

Die übliche gefüllte, dunkelrote Pfingstrose öffnet sich im späten Frühjahr, die meisten Hybriden im Frühsommer. Gefüllte Blüten halten länger als ungefüllte, sind aber schwieriger anzubinden und leiden bei Regen stärker. Daneben gibt es auch anemonenförmige Päonien. Sie besitzen schalenförmige äußere Blütenblätter wie die ungefüllten Päonien, aber ihre Staubblätter haben sich zu schmalen, fadenartigen Blütenblättern

VOM FRÜHLING ZUM SOMMER

umgewandelt, die in der Mitte der Blüte ein flauschiges Polster bilden. Dieses kann die gleiche Farbe haben wie die äußeren Blütenblätter. 'Bowl of Beauty' ist eine schöne, anemonenförmige Päonie, tiefrosa, mit creme-weißer Mitte. 'Globe of Light' ist ähnlich, rosafarben mit sattgoldenem Zentrum. 'White Wings' ist eine ungefüllte, weiße Päonie, die im richtigen Boden eine schöne Herbstfärbung entwickelt. 'Sir Edward Elgar' ist eine leuchtend kastanienrote Ungefüllte, blüht etwas später als 'White Wings' und hat eine reichliche Blüte. Setzen Sie Pfingstrosen hinter einen Teppich aus Steinbrech *(Saxifraga x urbium)* und vor Kardonen *(Cynara cardunculus)*, daneben blauen Prachtstorchschnabel *(Geranium x magnificum)* oder strahlend kobaltblauen Rittersporn.

Gefüllte Päonien gibt es nahezu unendlich viele. 'Cornelia Shaylor' ist eine gute Sorte mit zartrosa Blüten, die fast 15 cm Durchmesser erreichen. 'Monsieur Jules Elie' bildet mittelgroße, rosafarbene Blüten mit lilagrauem Schimmer. Die Blütenblätter rollen sich nach innen ein, so dass eine flaumige Kugel entsteht. Diese Sorte blüht sehr reichlich und wird etwa 90 cm hoch. Manche Pfingstrosen duften süßer als andere. Der Duft der bläulich rosafarbenen 'Glory of Somerset' ist besonders stark, genauso wie der Duft der eleganten 'Madame Calot' mit ihren blassrosa und cremeweißen Blüten. Pflanzen Sie gefüllte Pfingstrosen zusammen mit Brunneras und der herrlichen Wolfsmilch *(Euphorbia polychroma)*, um Ihre Rabatten im späten Frühjahr zu gestalten.

DER ALLIUM-REIGEN

Allium oder Zierlauch trägt seine Blütenpracht − zusammen mit Anemone, Camassia, Traubenhyazinthe und Galtonie − vom späten Frühjahr an bis hinein in den Sommer. Spezialisierte Züchter führen mehr als 120 Sorten dieser großen Pflanzenfamilie. Wild findet man sie auf der ganzen nördlichen Erdhalbkugel, im Mittleren Osten, in Westchina, den Alpen, dem Mittelmeerraum und den Pyrenäen. Die meisten Sorten sind widerstandsfähig und leicht zu kultivieren. Die klaren Umrisse der meist kräftigen, kugelförmigen Blütenstände bilden einen prägnanten Kontrast zu den eher formlosen Büschen und Polstern der Rabattenstauden. *Allium cernuum* blüht im Frühsommer einen Monat lang. An etwa 45 cm hohen Stängeln hängen Dolden aus mindestens 20 kleinen, perlenähnlichen, rosavioletten Blüten. Die Sorte wirkt elegant und bildet nicht zu viel unscheinbares Blattwerk, das von der Hauptattraktion ablenken könnte. Kombinieren

Paeonia lactiflora 'Bowl of Beauty', S. 92

Euphorbia polychroma 'Major', S. 42

Allium cristophii, S. 140

Katzenminze: *Nepeta* 'Six Hills Giant', S. 168; *Phlox carolina* 'Miss Lingard', S. 172

Sie *Allium cernuum* mit dem schwarzgesichtigen Veilchen 'Molly Sanderson' und dem blaugrauen Frauenmantel (*Alchemilla erythropoda*). Die meisten Alliumsorten gedeihen am besten in durchlässigem Boden und in vollem Sonnenlicht. Wenn man sie zwischen Stauden oder Sommerblumen pflanzt, sollte man sie 12-15 cm tief in die Erde setzen. So lässt sich am ehesten vermeiden, dass man die Alliumzwiebeln bei den Aufräumarbeiten im Herbst mit der Grabgabel aufspießt. Die Blütenstände mancher Alliumsorten sehen auch nach der Blüte noch schön aus. Das gilt insbesondere für *Allium hollandicum*, *Allium cristophii* und *Allium schubertii*. Wenn die großen Dolden abgestorben sind, wirken sie auf ihren kräftigen Stängeln wie riesige grünliche oder gelbbraune Trommelschlägel. Die dicken Stängel von *Allium cristophii* sind nur 60 cm hoch, so dass sie schlechtes Wetter gut überstehen. Die größten Blütendolden dieser Sorte haben einen Durchmesser von 20-25 cm. Sie sind kugelrund und bestehen aus sternförmigen, zartvioletten Blüten. Kombinieren Sie *Allium cristophii* mit Katzenminze und dem hohen weißen Phlox 'Miss Lingard'. Auch über einer Wolke himmelblauer Jungfern im Grünen oder über den sattvioletten Blüten von *Geranium* x *magnificum* kommt er gut zur Geltung. Kombinieren Sie eine der höheren Alliumsorten mit zweijährigen Mariendisteln. Im ersten Jahr sehen die Disteln mit ihren krausen Rosetten aus dunkelgrünen, silbern marmorierten und geäderten Blättern noch recht zahm aus. Im zweiten Jahr entwickeln sie dann ungeheure Blütenstängel. Nach der Blüte werden Mariendisteln unansehnlich und es ist Zeit für eine neue Kombination. Die kleineren Alliumarten wie *Allium caeruleum*, deren Blütendolden nicht größer als Golfbälle sind, brauchen auch entsprechend kleinere Gefährten. Sie eignen sich für Steingärten und Geröllbeete, am besten zwischen niedrigen Polstern aus panaschiertem Thymian, Grasnelken oder graublättrigen Nelken.

WIE GUT SIND PANASCHIERTE SORTEN?

Häufig glauben Gärtner, dass sie mit einer panaschierten Pflanze eine bessere Wahl treffen als mit der einfarbigen Alternative. Aber das trifft nur manchmal zu, zum Beispiel auf die Mariendistel, die man vor allem der silbrig gefleckten Blätter wegen zieht. Ein Garten mit zu vielen panaschierten Pflanzen kann sehr unruhig aussehen. Behutsam eingesetzt sind die Pflanzen mit der hellen Zeichnung im Grün allerdings ein Gewinn. Zuerst sollte man sich überlegen, was die jeweilige Sorte zum Gedeihen braucht. Manche brauchen Schatten, damit die Blätter ihre Zeichnung behalten. Anderen geht es in praller Sonne am besten. Zweitens sollte man bedenken, dass in einer gemischten Gruppe immer die panaschierte Pflanze den Blick auf sich zieht. Am besten wirkt sie daher in einer unkomplizierten Umgebung, zwischen Pflanzen, die so kräftig sind, dass sie sich von ihren auffälligeren Nachbarn nicht die Show stehlen lassen.

Der panaschierte Beinwell (*Symphytum* x *uplandicum* 'Variegatum') ist stets eine imposante Erscheinung. Die kecke, kräftige Pflanze bildet große behaarte Blätter in zwei graugrünen Farbtönen, die einen breiten, cremeweißen Rand haben. Das Blattwerk erscheint Mitte Frühjahr, und im späten Frühjahr entwickelt der Beinwell Blütenstände mit bläulich malvenrosa Blüten, die sich bis in den Frühsommer hinein halten. Wenn die Blätter dann allmählich unansehnlich werden, muss man die gesamte Pflanze über dem Boden abschneiden. Sie wird daraufhin erneut austreiben – und das neue Laub bleibt länger schön als die erste Pracht.

Doch zartere Pflanzen mit fedrigem Blattwerk wie etwa die Astilbe oder die Schafgarbe werden von diesem mächtigen Tyrannen erdrückt.

Ein Garten mit zu vielen panaschierten Blättern kann sehr unruhig wirken.

Sein kräftiges Blatt gibt ihrem filigranen Laub keine Rückenstärkung, sondern verdrängt sie einfach. Setzen Sie den Beinwell lieber vor eine Gruppe mit Engelwurz (*Angelica*). Diese lässt sich von dem Kraftprotz nicht einschüchtern, weil sie selbst stark genug ist.

Angelica gigas, S. 90

Beim Lungenkraut ist Panaschierung ein Muss. Die grünblättrigen Arten sind weniger wüchsig und tragen nach der Blütezeit nicht mehr viel zum Garten bei. Falls man nur mit Grün und Blau eine Wirkung erzielen möchte, sollte man statt *Pulmonaria angustifolia* 'Munstead Blue' lieber Gedenkemein (*Omphalodes verna*) wählen, das reichlicher und leuchtender blüht. *Pulmonaria saccharata* mit seinen gesprenkelten Blättern ist besonders hübsch. Die Blüten entfalten sich im frühen bis mittleren Frühjahr, sind in der Knospe rosa und werden dann blau. Das üppige Blattwerk ist unter schlichteren, hohen Pflanzen wie Farnen oder Riesenfenchel nützlich. Für einen weißen Garten wäre 'Sissinghurst White' die richtige Wahl.

Pulmonaria 'Lewis Palmer', S. 158

Pulmonaria 'Sissinghurst White', S. 26

Gute Beziehungen

Leuchtend magentarote Ähren von Gladiolus communis ssp. byzantinus *mischen sich mit den gelbgrünen Blättern und Blüten von* Smyrnium perfoliatum, *darunter die unschätzbare* Cerinthe major 'Purpurascens' *zwischen Stängeln von violettem Zierlauch.*

Sterndolden (*Astrantia*) sind immer verträgliche Planzen, ganz gleich ob panaschiert oder nicht. Ihre Blüten wirken eher papierartig, ähnlich wie Trockenblumen. Die Blätter von *Astrantia major* 'Sunningdale Variegated' haben breite, cremefarbene Ränder. Besonders schön sieht diese Sorte neben einer blau blühenden Brunnera mit grünen Blättern aus oder neben den violett überlaufenen Blättern der *Clematis recta* 'Purpurea'. Auch ein dunkelblättriger Günsel wie *Ajuga reptans* 'Atropurpurea' passt dazu.

VERGESSEN SIE ALLE REGELN

Wenn man mit dem Gärtnern anfängt, sehnt man sich oft nach Grundregeln, die einem sagen, was man im Garten zu tun hat. Aber das Schöne am Gärtnern ist, dass die Pflanzen sich jedes Jahr anders verhalten, wie es eben den Wachstumsbedingungen entspricht. Es ist möglich, dass sie im Sommer eine Trockenperiode überstehen müssen, und manchmal im Frühjahr von eisiger Kälte aufgehalten werden. Für den Gärtner ist hier ein Grundverständnis wichtig, nicht die Regel. Wenn man zum Beispiel das Prinzip versteht, warum und unter welchen Bedingungen man empfindliche Exoten oder Beetpflanzen nicht zu zeitig im Jahr ins Freie setzen darf, dann weiß man, wann man die Regeln verletzen darf.

Auch die Wachstumszyklen der einzelnen Pflanzen sollte man kennen. Der dunkelblättrige Wiesenkerbel (*Anthriscus sylvestris* 'Ravenswing') zum Beispiel ist im Spätfrühling, wenn das violettbraune Blattwerk am schönsten ist, sehr beeindruckend. Doch im Sommer fällt er zusammen. Daher hat es keinen Sinn, ihn in eine Pflanzengruppe einzufügen, die im Hochsommer wirken soll. Er ist ein Gewächs des späten Frühjahrs und des Frühsommers und passt wunderbar zu ähnlichen Pflanzen wie dem Kälberkropf (*Chaerophyllum hirsutum* 'Roseum'), der fliederrosa blüht, oder der Jakobsleiter (*Polemonium* 'Sonia's Bluebell'), die blassere Blüten und dunkleres Laub hat als die übliche Jakobsleiter. Ein guter Gefährte für den Wiesenkerbel ist auch die Binsenlilie, die an Standorten, an denen die Iris nicht gedeihen würde, ähnlich schwertförmige Blätter austreibt. Die Schönste ihrer Art ist die kleine *Sisyrinchium striatum* 'Aunt May' mit ihrem cremeweiß gestreiften, fächerartigen, steifen Blattwerk. Sie wird maximal 30 cm hoch und bildet blass cremefarbene Blüten.

Stück für Stück lernt man, die verschiedenartigen Erscheinungen in einem Beet oder einer Rabatte zu verbinden und miteinander zu verweben, bis sich alle Pflanzen zu einem einzigen, fließenden Teppich

Enge Gemeinschaft

Das goldene Flattergras (Milium effusum 'Aureum') ist im Frühjahr besonders schön, denn dann strahlt das grünliche Gelb der Blätter am intensivsten. Hier steht das Gras zusammen mit den zarten Blütenmedaillons von Dicentra formosa, *dem Tränenden Herz.*

zusammenfügen. Besonders hilfreich sind dabei große, sanft wogende Pflanzen wie die Katzenminze, die so schön sind, dass sie selbst die Hauptrolle spielen könnten, die sich aber auch behutsam ausbreiten.

Die Katzenminze eignet sich vorzüglich als Pufferpflanze, weil sie weiche Büsche bildet und farblich eher matt und zurückhaltend wirkt. Die Blätter sind vom Austrieb im Frühjahr bis zum Herbst schön. Dann werden sie allmählich welk und schlaff, was allerdings nach sechs Monaten kein Wunder ist. *Nepeta* 'Six Hills Giant' ist eine üppige Katzenminze, die viel Platz braucht. Sie wird 90 cm hoch und ebenso breit. Falls Sie diese Katzenminze gepflanzt haben, waren Sie vielleicht von der Idee begeistert, Ihren Garten ganz in Weiß zu gestalten und Sie haben sich einen hübschen weißen *Phlox maculata* besorgt, der, im Gegensatz zu dem häufigeren *Phlox paniculata*, nicht anfällig für Älchen ist.

Der Phlox verhält sich genau so wie erhofft – er bildet prächtige Blütensäulen. Aber allmählich fragen Sie sich, ob Ihre Farbpalette, das geschmackvolle blasse Graublau und das noch geschmackvollere Weiß, nicht ein wenig begrenzt ist. Also gehören paar auffällige Blätter in Ihre Komposition. Blätter bedeutet Funkien. Sie möchten etwas Wärme in Ihr Bild bringen und entscheiden sich daher für eine goldene Funkiensorte, nicht für eine weiß panaschierte. Weil Sie ungeduldig sind, erwerben Sie gleich drei Funkien auf einmal, vielleicht 'Fragrant Gold' oder 'Lemon Lime', und pflanzen sie neben den Phlox. Schlagartig verändert sich das Bild. Die Transformation ist gelungen.

Hosta 'Lemon Lime', S. 144

Allmählich entsteht ein dichter, fließender Pflanzenteppich ...

Wenn Sie sich dann vom späten Frühjahr bis zum Herbst an dieser Gruppe erfreut haben, sollten Sie sich Gedanken machen, wie Sie die Lücke, die vom Spätherbst bis zum nächsten Frühling an der Stelle klaffen wird, schließen könnten. Die drei Pflanzen, die Sie bisher dort kombiniert haben, sorgen für eine lange Wachstumsperiode, aber im frühen Frühjahr bleibt es kahl. Hier sind Gartenanemonen die Lösung, die dickstieligen, rundlichen Sorten der De-Caen-Gruppe. Wenn man sie im Herbst setzt, erhält man drei Monate lang Frühlingsblumen – in Weiß, Blassblau, Violett, Rosa und Magenta. Das farnähnliche Blattwerk ist leuchtend grün. Die Anemonen blühen so reichlich, dass man jede Woche eine Vase voll Schnittblumen pflücken kann, ohne dass Lücken entstehen. Jetzt beginnen Sie den Teppich zu weben, der nach und nach ihren ganzen Garten mit einem schimmernden, in ständiger Wandlung begriffenen Muster aus Blüten und Blättern überzogen wird. Die Katzenminze und der Phlox, die Funkien und die Anemonen bilden ein Gewebe, das sich mit weiteren Teilen, die Sie an anderen Stellen Ihres Gartens pflanzen, verbindet, und bald haben Sie einen zusammenhängend bewachsenen Garten. Jeder Gärtner wünscht sich, dass die Monate des Spätfrühlings und des Frühsommers mit ihrem Austreiben und Emporschießen, ihrer Bekräftigung des Lebens, niemals enden. Doch wenn Sie dafür sorgen, dass auch nach dieser Zeit noch etwas erblüht, fällt das Abschiednehmen nicht ganz so schwer.

Anemone coronaria De-Caen-Gruppe, S. 32

Aquilegia vulgaris 'Nora Barlow' *mit* Crocus chrysanthus 'Ladykiller' *und* Dianthus 'Musgrave's Pink'

Akeleien kreuzen sich so ungehemmt miteinander, dass es schwer ist, ein Beet sortenrein zu halten. Diese Selbstaussaat sollte man jedoch fördern, denn jedes Jahr tauchen neue Spielarten auf. 'Nora Barlow' zum Beispiel bringt eine große Zahl verschiedener Akeleien hervor. Diese Sorten, darunter auch die klematisblütige Akelei mit ihren flachen Blüten, sind viel leichter zu kultivieren als die gezüchteten, langspornigen Hybriden. Doch man braucht beide. Alle mögen schweren Boden, gedeihen gut, ob in der Sonne oder im Schatten, und bilden schönes, graugrünes Blattwerk. Schneiden Sie die Stängel nach der Blüte nicht zu schnell ab. Man kann die Pflanzen im Spätsommer stutzen, wenn sie frische Blätterbüsche bilden, die den gleichen Graugrünton aufweisen wie die Nelkenblätter. Die Krokusblüten beleben die Stelle im frühen Frühjahr, und die Nelken (zumindest moderne Sorten) blühen mit Pausen bis in den Frühherbst.

Aquilegia vulgaris 'Nora Barlow' (Akelei)
Höhe *90 cm*
Breite *45 cm*
Blütezeit *Spätes Frühjahr bis Frühsommer.*
Vorzüge *Rosa, grüne und cremeweiße Blüten. Das elegante Blattwerk ist ein guter Hintergrund für Zwiebelpflanzen.*
Weitere Sorten *'Melton Rapids' hat tintenblaue, klematisförmige Blüten; 'Nivea' ist rein weiß.*

Crocus chrysanthus 'Ladykiller'
Im frühen Frühjahr öffnen sich fest eingerollte Knospen zu weißen Kelchen, die außen violett überlaufen sind. Die zarten Blüten sind kleiner als die der dicken holländischen Krokusse, die etwas später folgen. In durchlässigem Boden breitet sich Crocus chrysanthus schnell zu dichten Gruppen aus. 'Blue Pearl' und 'Cream Beauty' sind ebenfalls gute Sorten.

Dianthus 'Musgrave's Pink' (Nelke)
Diese elegante Nelke wird wegen ihrer grünen Mitte manchmal auch 'Green Eyes' genannt. Allerdings blüht sie nicht so lange wie andere moderne Sorten. 'Prudence' bildet gefüllte, blassrosa Blüten, die einen purpurroten Rand haben. Die nach Gewürznelken duftende 'Alice' oder die altmodische 'Dad's Favourite' (siehe S. 150) sind ebenso gut.

Convallaria majalis *mit* Helleborus argutifolius *und* Epimedium x perralchicum

Das Maiglöckchen war schon immer beliebt. Störungen mag es gar nicht und nach dem Pflanzen braucht es Zeit, um sich anzusiedeln. Wo es kühlen, nährstoffreichen, feuchten Boden findet, breitet es sich dann aber schnell aus. Die frischen grünen Blätter sind kräftig genug, um Unkraut fern zu halten. Die Sorte 'Fortin's Giant' bildet größere Blüten als das Gewöhnliche Maiglöckchen, außerdem hat sie größere Blätter und blüht etwa zehn Tage später. Am besten pflanzt man beide Sorten, um die Blütezeit zu verlängern. Damit die Maiglöckchen kräftig bleiben, mulcht man die Rhizome im Herbst mit Blattmulch. Elfenblume (*Epimedium*) und Helleborus schätzen beide die gleichen kühlen, schattigen Standorte wie die Maiglöckchen. Zuerst blühen die Helleborus, dann folgen die Elfenblumen, die sich mit den Maiglöckchen überschneiden. Ihre immergrünen Blätter bekommen im Herbst einen kupfernen Farbton, besonders aber wirkt diese Gruppe im Frühjahr.

Convallaria majalis (Maiglöckchen)
Höhe *30 cm*
Breite *30 cm*
Blütezeit *Spätes Frühjahr*
Vorzüge *Betörender Duft. Blüten halten sich lange in der Vase. Die kriechenden Rhizome besiedeln feuchte, schattige Stellen im Garten.*
Weitere Sorten *'Albostriata' hat cremeweiß gestreifte Blätter; 'Flore Pleno' bildet gefüllte weiße Blüten; C. majalis var. rosea hat blassrosa Blüten.*

Helleborus argutifolius (Nieswurz)

Diese Art hat vielleicht das schönste Blattwerk der ganzen Gattung. Die Blätter sind dreifach gefiedert, und jedes Blättchen ist ringsherum mit kleinen Zähnchen besetzt. Das matte Olivgrün bildet einen perfekten Hintergrund für die Büschel becherförmiger Blüten, die sich im Spätwinter öffnen. Die Pflanzen gedeihen sowohl in voller Sonne als auch im Schatten.

Epimedium x perralchicum (Elfenblume, Sockenblume)

Die immergrünen Blätter dieser Boden deckenden Art sind wichtiger als die Blüten, die sich nicht lange halten. In der Gattung Epimedium findet man immergrüne und Laub abwerfende Arten. Alle bilden schönes Blattwerk. Damit die Blüten gut zur Geltung kommen, die alten Blätter der Laub abwerfenden Arten im Spätwinter abschneiden und die immergrünen Arten säubern.

Crambe cordifolia *mit* Ranunculus ficaria 'Brazen Hussy' *und* Tropaeolum majus 'Jewel of Africa'

Crambe cordifolia, das Riesenschleierkraut, kann man wie einen Leuchtturm einsetzen, um einen außergewöhnlichen Punkt im Garten oder eine Wegbiegung zu markieren. Diese Pflanze ist jedoch nicht leicht mit anderen zu kombinieren. In der Wachstumszeit nimmt sie in allen Richtungen sehr viel Platz in Anspruch, und die riesigen, rhabarberähnlichen Blätter sorgen dafür, dass ringsherum nichts anderes wächst. Doch wenn die Blätter im Spätherbst verschwunden sind, bleibt nicht viel übrig. Darum ist das Scharbockskraut so hilfreich, denn es sprießt im Winter und bedeckt den Boden mit seinem Blattwerk, das längst wieder eingezogen ist, wenn das Schleierkraut sprießt. Als zusätzlichen Blickfang im Sommer lässt man an seinen kräftigen Blütenstängeln Kapuzinerkresse hinaufklettern. Das Riesenschleierkraut selbst ist dann schon verblüht. Seine vertrockneten Blütenstände bleiben den ganzen Winter über stehen.

Crambe cordifolia (Riesenschleierkraut)
Höhe *2,5 m*
Breite *1,5 m*
Blütezeit *Spätfrühjahr bis Hochsommer*
Vorzüge *Riesige, faltige, dunkelgrüne Blätter. Hohe, starke Stängel tragen lockere Rispen mit winzigen weißen Blüten.*
Weitere Sorten *Crambe maritima, der Weiße Meerkohl, bleibt niedrig und hat eine ganz andere Wirkung. Das Blattwerk ist schöner (stärker bereift), doch die Pflanze setzt keine so starken Akzente.*

Ranunculus ficaria 'Brazen Hussy' (Scharbockskraut)

Viele Gärtner betrachten Scharbockskraut als Unkraut, doch diese Sorte hat tief schokoladenbraune Blätter, die wunderschön glänzen. Die leuchtend gelben Blüten sind an der Außenseite bräunlich überlaufen. Dieses Scharbockskraut wird zwar kaum 5 cm hoch, breitet sich aber schnell in einem dichten Blätterteppich aus.

Tropaeolum majus 'Jewel of Africa' (Kapuzinerkresse)

Diese wüchsige Kapuzinerkresse wird aus Samen gezogen. Sie erreicht leicht 2,5 m Höhe. Von den panaschierten Blättern heben sich Gelb, Rot, Cremeweiß und Apricot der Blüten ab. Wenn man es nicht so bunt mag, wählt man eine Sorte wie 'Whirlybird Cream', die einfarbig grüne Blätter und blassgelbe Blüten hat.

Dicentra 'Stuart Boothman' *mit* Anemone nemorosa 'Robinsoniana' *und* Clematis recta 'Purpurea'

Violett- und Rosatöne in verschiedenen Zusammenstellungen prägen diese Pflanzengruppe. Im Zentrum steht das schöne Tränende Herz (*Dicentra* 'Stuart Boothman'). Wenn die Gruppe größer sein soll, kann man ein größeres Tränendes Herz wählen, etwa *Dicentra spectabilis*. Diese Art weist allerdings nicht das graue Blattwerk auf, welches einen so schönen Kontrast zu dem Rotviolett der krautigen Klematis bildet. Das Tränende Herz und die Buschwindröschen (*Anemone*) blühen als Erste. Im Getümmel des Sommers wären die zarten Buschwindröschen nicht stark genug, um ihren Standort zu verteidigen, aber im Frühjahr haben diese eleganten, vergänglichen Gartenbewohner genügend Platz. Das Tränende Herz wird wahrscheinlich länger blühen als die Anemonen, aber wenn die Klematis aufblüht, ist es verwelkt. Die Klematis mit ihren flauschigen Samenständen ist dagegen auch im Herbst noch interessant.

Dicentra 'Stuart Boothman' (Tränendes Herz)
Höhe *30 cm*
Breite *40 cm*
Blütezeit *Mittleres Frühjahr bis Frühsommer*
Vorzüge *Schönes, graues, zart geschnittenes Blattwerk. Die rosa Blüten hängen wie Medaillons an den Stängeln.*
Weitere Sorten *'Langtrees' hat graue Blätter und weiße Blüten. D. spectabilis hat prächtigere Blütenstängel, aber grünes Blattwerk. D. spectabilis 'Alba' wird bis zu 1,2 m hoch.*

Anemone nemorosa 'Robinsoniana' (Buschwindröschen)
Dieses Buschwindröschen bildet zarte, 12 cm hohe, blass blaurosa Blüten und dunkelgrünes, feines Blattwerk. 'Alba Plena' ist eine gefüllte, weiße Sorte, die unter günstigen Bedingungen einigermaßen wüchsig ist. Buschwindröschen sollte man nicht zu tief pflanzen: 2,5 cm Erde auf den Rhizomen ist reichlich. Sie lieben feuchten, kühlen, beschatteten, humusreichen Boden.

Clematis recta 'Purpurea'
Diese Klematis klettert zwar nicht, braucht aber eine Stütze und wird dann 2 m hoch. Junge Pflanzen können violettes Laub bilden; wenn sie älter werden, wird es grünlich. Suchen Sie sich die Pflanzen sorgfältig aus, denn einige Formen sind besser als andere. Von Hochsommer bis Herbst ist die Klematis von einem Teppich winziger, weißer, stark duftender Blüten bedeckt.

Dryopteris wallichiana *mit* Aquilegia longissima *und* Ajuga reptans 'Atropurpurea'

Farne sind, wie die Euphorbien, zuverlässige Beetpflanzen, vorausgesetzt, man kann ihnen den kühlen Standort bieten, den sie mögen. Sie sind hervorragende, beständige Gesellschafter für kurzlebigere Gewächse. Vom Aussehen her ist *Dryopteris wallichiana* unübertroffen: hochgewachsen, elegant und schlicht, aber ohne eine Spur von Spießigkeit. Die Wedel entrollen sich im Spätfrühjahr und strahlen die gelassene Selbstsicherheit von 400 Millionen Jahren Familiengeschichte aus. »Ist das alles?«, könnte man fragen. »Keine Blüten? Keine Früchte? Kein Duft?« Nein, nichts dergleichen. Der Farn ist das gärtnerische Äquivalent zum sehr dezenten, sehr teuren kleinen Schwarzen. *Dryopteris wallichiana* stammt aus Zentralasien und erhebt sich graziös über dem Teppich aus Günsel zu seinen Füßen und behauptet seinen Platz, wenn im Frühsommer die gelbe Akelei zu blühen beginnt.

Dryopteris wallichiana (Wurmfarn)
Höhe *90 cm*
Breite *75 cm*
Vorzüge *Elegante Form. Die Mittelrippen sind dicht mit dunkelbraunen Schuppen besetzt, die wie ein Pelz wirken. Die sprießenden jungen Wedel im Frühjahr sind leuchtend gelbgrün.*
Weitere Sorten *D. filix-mas, der Gemeine Wurmfarn, ist robuster, hat aber nicht die schön behaarten Mittelrippen von D. wallichiana.*

Aquilegia longissima (Akelei)
Diese schöne Akelei wächst in den Prärien von Südarizona und Westtexas wild. Mattgelbe, gespornte, zart duftende Blüten krönen Büsche aus farnartigem Blattwerk. Diese Art ist nicht so langlebig wie die gewöhnliche Akelei, lässt sich aber leicht aus Samen ziehen und sät sich unter günstigen Bedingungen selbst aus. Die Blütenstängel sind mindestens 60 cm hoch. Wenn sie sich ausgesät haben, schneidet man sie ab.

Ajuga reptans 'Atropurpurea' (Kriechender Günsel)
In der Natur sucht sich der Günsel kühle, feuchte, schattige Ecken, und auch im Garten mag er solche Standorte am liebsten. Er eignet sich gut zum Besiedeln dieser Stellen, vermehrt sich durch Ausläufer, kann aber auch zartere Nachbarn überwuchern. 'Atropurpurea' hat glänzende, bronzeviolette Blätter und im Sommer bis zu 10 cm hohe Blütenstände mit dunkelblauen Blüten.

Dryopteris wallichiana

VOM FRÜHLING ZUM SOMMER • PFLANZENPORTRÄTS

Euphorbia characias *mit* Eremurus x isabellinus 'Cleopatra' *und* Geranium pratense 'Plenum Violaceum'

Diese Wolfsmilch (*Euphorbia*) ist die prächtigste Blattpflanze überhaupt. Sie bildet einen kräftigen Busch mit vielen zweijährigen Trieben. Im ersten Jahr bilden sie Blätter, und im Frühling des zweiten Jahres bringen einige Sprosse große Kuppeln aus schweflig gelbgrünen Blüten hervor. Inzwischen wachsen schon neue Triebe, so dass zu keiner Jahreszeit eine Lücke entsteht. Kalte Frühlingswinde können den Blättern schaden, daher sollte diese Euphorbie einen windgeschützten Platz erhalten. Auch Frost unter –5 °C verträgt sie schlecht. Sie gibt einen guten Sichtschutz für die untere Hälfte der Steppenkerze (*Eremurus*) ab, deren Blätter gerade dann unansehnlich werden und absterben, wenn die Blütenkerzen am schönsten sind. Wenn Sie daher die Steppenkerze hinter die Wolfsmilch pflanzen, sieht man das absterbende Blattwerk nicht. Der gefüllte Storchschnabel (*Geranium*) blüht auf, wenn die Euphorbie gerade verblüht, und steht dann mit der Steppenkerze zusammen in voller Blüte. Deren stattliche Samenstände können bis zum frühen Winter stehen bleiben.

Euphorbia characias (Wolfsmilch)
Höhe *1,2m*
Breite *1,2m*
Blütezeit *Frühes Frühjahr bis Frühsommer*
Vorzüge *Immergrüne Pflanze mit herrlich bereiften Blättern, die quirlförmig um die Stängel angeordnet sind. Große, intensiv grünlich gelbe Blütenstände.*
Weitere Sorten *Bei manchen ist das Blau der Blätter stärker ausgeprägt, andere haben prächtige Blüten. 'John Tomlinson' hat fast kugelförmige Blütenköpfe von 40 cm Länge; 'Lambrook Gold' bildet zylindrische Blütenstände.*

Eremurus x isabellinus 'Cleopatra' (Steppenkerze)
Die fleischigen Wurzeln dieser prächtigen Pflanze wachsen vom Wurzelhals aus wie die Speichen eines Rades. Man sollte sie sorgfältig in durchlässigen Boden pflanzen. Die riemenförmigen Blätter sterben ab, wenn sich die großen Blütenstände bilden. Die Blütenstängel sind dicht mit kleinen, sternförmigen Blüten besetzt. 'Cleopatra' ist orange, es gibt aber auch weiße, rosa, gelbe und apricotfarbene Sorten.

Geranium pratense 'Plenum Violaceum' (Storchschnabel)
Tief gelappte Blätter bilden einen Busch von bis zu 60 cm Höhe und Breite. Unter günstigen Bedingungen bekommt das Blattwerk eine schöne Herbstfärbung. 'Plenum Violaceum' bildet im Hochsommer gefüllte, tief violettblaue Blüten, die sich mehrere Wochen halten, länger als die der ungefüllten Sorten. Arrangieren Sie dürre Zweige so, dass die schwachen Stängel hindurchklettern können.

PFLANZENPORTRÄTS

Euphorbia characias

81

VOM FRÜHLING ZUM SOMMER • PFLANZENPORTRÄTS

Gladiolus communis ssp. byzantinus *mit* Limonium platyphyllum *und* Geranium palmatum

Alle drei Pflanzen mögen leichten, sehr durchlässigen Boden in voller Sonne. Die Wiesensiegwurz (*Gladiolus communis*) ist nicht so dominant wie der Storchschnabel (*Geranium*) und der Meerlavendel (*Limonium*), daher sollte man ihr die Hauptrolle in der Gruppe geben. In leichten Böden verbreitet sie sich recht gut durch Samen und Ausläufer. Beginnen Sie mit reichlich Knollen, sonst wird die Wiesensiegwurz zwischen den langen Trieben von Storchschnabel und Meerlavendel kaum zu sehen sein. Der Storchschnabel ist vor allem im frühen Frühjahr nützlich. Nach einem milden Winter breitet er dann seine hübschen Blätter aus, die Büsche von 1,2 m Breite bilden. In dieser frühen Jahreszeit, bevor die Wiesensiegwurz zu blühen beginnt, gibt er einen schönen Hintergrund für frühe Tulpen ab. Die Pflanzen dieser Gruppe blühen nacheinander. Nach der Blütezeit der Wiesensiegwurz entwickelt der Storchschnabel große rosa Blütenstände und im Spätsommer blüht dann der Meerlavendel.

Gladiolus communis ssp. byzantinus (Wiesensiegwurz)
Höhe *1 m*
Breite *8 cm*
Blütezeit *Spätes Frühjahr bis Frühsommer*
Vorzüge *Tief magentarote Blüten, die sich leicht mit anderen Farben, vor allem mit Rosa und Blau, kombinieren lassen. Schwertartige Blätter.*
Weitere Sorten *Zwischen der Wiesensiegwurz und den Gartengladiolen besteht ein großer Unterschied. Man sollte sie nicht zusammen pflanzen. Die weißblütige 'The Bride' ist nicht frosthart.*

Limonium platyphyllum (Meerlavendel)
Die dunkelgrünen Blätter bilden eine immergrüne Rosette, aus der im Spätsommer hohe, weit verzweigte Blütenstängel sprießen. Sie bilden lavendelblaue Wolken, die sich im Garten lange halten, und eignen sich auch für Trockensträuße. 'Blue Cloud' ist eine schöne Sorte, deren Stängel 60 cm hoch werden.

Geranium palmatum (Storchschnabel)
Diese Storchschnabelart stammt aus Madeira, ist also nicht zuverlässig winterhart, auch wenn sie etwas robuster ist als ihre nahe Verwandte Geranium maderense. Im Sommer bilden beide mindestens einen Meter hohe Rispen aus rosa Blüten, doch ihr eigentlicher Vorzug liegt in ihrem Blattwerk: Es ist glänzend, schön geformt und bei mildem Wetter immergrün. Sie säen sich selbst aus. Mit ihren langen Pfahlwurzeln können die Pflanzen in der Trockenheit Madeiras überleben. Störungen nehmen sie übel.

Gladiolus communis ssp. *byzantinus*

VOM FRÜHLING ZUM SOMMER • PFLANZENPORTRÄTS

Iris 'Jane Phillips' *mit* Crocus speciosus *und* Tulipa orphanidea Whittallii-Gruppe

Der Name Iris kommt aus dem Griechischen und bedeutet Regenbogen. Die Farben der Irisblüten decken tatsächlich fast das ganze Spektrum ab, nur ein echtes Rot fehlt. Blau-, Indigo- und Violetttöne sind am stärksten vertreten, während die Rottöne eher zu einem Goldbraun geraten. Am besten pflanzt man die Iris auf einem schmalen Beet, etwa an einer Pergola oder an einem Weg entlang, wo sie volle Sonne bekommen und ihren Platz nicht mit zu vielen anderen Pflanzen teilen müssen. Hohe Bartiris wie 'Jane Phillips' brauchen Sonne auf ihren Rhizomen. Mit einigen zartgliedrigen Einjährigen, wie der Jungfer im Grünen (*Nigella*), kämen sie wohl zurecht, aber die ideale Gesellschaft sind Zwiebelpflanzen, die eine andere Blütezeit haben und sich dann bis zum nächsten Mal ganz zurückziehen. Die Blütezeit der Bartiris ist der Frühsommer, daher sollte man sie sowohl mit herbst- als auch mit frühjahrsblühenden Zwiebelpflanzen kombinieren.

Iris **'Jane Phillips'**
Höhe *1 m*
Breite *60 cm*
Blütezeit *Spätes Frühjahr bis Frühsommer*
Vorzüge *Prachtvolle, himmelblaue Blüten an langen Stängeln. Interessante schwertförmige Blätter.*
Weitere Sorten *Neben den hohen Bartiris gibt es auch mittlere und niedrige Hybriden. 'Arctic Fancy' (mittelgroß) ist weiß mit violetter Zeichnung; 'Bibury' (Zwergiris) ist weiß mit blassgelben Stielen; 'Bromyard' (Zwergiris) hat gräuliche, golden überlaufene Blütenblätter.*

Crocus speciosus
Krokusse sind meistens Frühjahrsblüher, diese Art aber blüht im Herbst. Die einzelnen, bis zu 5 cm langen Blüten erscheinen vor den Blättern. Die Art ist violettblau, aber die Sorte 'Albus' ist reinweiß. 'Conqueror' hat tiefblaue Blüten. Alle vermehren sich schnell durch Samen und Ableger.

Tulipa orphanidea Whittallii-Gruppe
Diese außergewöhnliche Tulpe mit ihren spitzen Blütenblättern wird nicht höher als 30 cm. Das ungewöhnliche Orange-Karamell der Blüte ist unverkennbar. Die äußeren Blütenblätter sind kleiner als die inneren und außen mit einem blassen Cremebraun überlaufen. Die Knospe ist rund und hat eine scharfe Spitze. An der Basis der Blütenblätter befindet sich ein grünlich schwarzer, gelb umrandeter Fleck, dessen dunkle Farbe sich leicht in die Adern der Blütenblätter hinaufzieht.

Iris 'Jane Phillips' ▷

VOM FRÜHLING ZUM SOMMER • PFLANZENPORTRÄTS

Iris sibirica *mit* Fritillaria imperialis *und* Lilium 'Black Dragon'

Dieses Trio hat dem Gärtner eine große Blütenpracht zu bieten. Und welche Blüten! Ab und zu muss man alle Ansichten über Blattwerk, Strukturen und Formen fallen lassen und einem blanken Hedonismus frönen. Die Blütezeit der Iris überlappt sich mit der der Kaiserkrone (*Fritillaria*), daher sollten Sie nur miteinander harmonierende Farben kombinieren. Die Kaiserkrone bietet eine nur begrenzte Palette – von bräunlichem Fuchsorange bis zu klarem Gelb –, die Sibirische Iris dagegen gibt es in zahlreichen Blau-, Rosa-, Weiß- und Gelbtönen. Beachten Sie, dass das leuchtende Gelb der Kaiserkrone das viel zartere Irisgelb überstrahlen würde. Die dunkle 'Shirley Pope' dagegen ergibt einen schönen Kontrast. Die schwertförmigen Irisblätter dienen als Puffer und als Unterstützung für die Lilien, die hinter diesem Grün nach oben schießen können. Weder die Iris noch die Kaiserkrone riechen gut (Letztere hat einen unangenehm sauren Geruch), daher sollte man eine Lilie mit starkem Duft wählen. Wenn die Lilien verblüht sind, hat diese Gruppe nichts mehr zu bieten, bis sich im nächsten Frühjahr die dicken Knospen der Kaiserkronen wieder aus der Erde schieben.

Iris sibirica
Höhe *90 cm*
Breite *60 cm*
Blütezeit *Mittleres bis spätes Frühjahr*
Vorzüge *Robust, widerstandsfähig, leicht kultivierbar. Elegante, bartlose Schwertlilienblüten.*
Weitere Sorten *Es gibt mehr als einhundert Sorten. 'Cambridge' hat ein schönes, kräftiges Blau mit gelben Flecken; 'Dreaming Yellow' hat weiße Domblätter und leicht krause, cremegelbe Hängeblätter; 'Flight of Butterflies' ist sattblau mit weiß geäderten Hängeblättern.*

Fritillaria imperialis (Kaiserkrone)
Die Kaiserkrone ist seit dem 16. Jahrhundert als Gartenpflanze bekannt. Im zeitigen Frühjahr sprießen bis zu 1,2 m hohe Blütenstängel, die oben einen Ring aus gelben, glockigen Blüten tragen, gekrönt von einem Blätterbüschel wie bei einer Ananas. Es gibt eine orangerote Sorte namens 'Rubra Maxima'. Kaiserkronen sind Feuerwerkspflanzen: kurzlebig aber prächtig.

Lilium 'Black Dragon'
Eine trompetenförmige Lilie von bis zu 2 m Höhe mit großen, weißen Blüten, die auf der Rückseite mit einem dunklen Violettrot überlaufen sind. Die Blüten stehen nach außen, so dass man an dieser stark duftenden Lilie umso besser riechen kann. Die Hybride 'Casa Blanca' hat ebenfalls einen wunderbaren Duft, ist aber nicht so leicht zu ziehen.

PFLANZENPORTRÄTS

Iris sibirica

VOM FRÜHLING ZUM SOMMER • PFLANZENPORTRÄTS

Nectaroscordum siculum *mit* Corydalis flexuosa 'China Blue' *und* Deschampsia cespitosa 'Goldtau'

Dies ist eine Gruppe im modernen Stil, nicht gerade minimalistisch, aber kühl, zurückhaltend und mit ausgefallener Farbgebung. Ein besonders elegantes Gras gehört dazu, das mit einem Rasen überhaupt nichts mehr zu tun hat. Zeitgenössische Gartengestalter schätzen Gräser wegen ihrer auffallenden Form und ihrer Samenstände, die sich bis tief in den Winter hinein halten. Auch das Nectaroscordum ist so ausgefallen, dass es zum Liebling der Gartenplaner werden kann. Es gehörte früher zur großen Gattung *Allium*, wurde aber zu einer eigenen Gattung mit nur drei Arten erklärt. Den gewagtesten Farbklecks in dieser Komposition bildet der Lerchensporn (*Corydalis*), der vom späten Frühjahr an blüht. Wahrscheinlich wird seine Blütezeit sich mit der des Nectaroscordums überschneiden. Dessen Samen sehen allerdings ebenso gut aus wie seine Blüten. Die Samenkapseln sind nach oben gerichtet, während die Blüten nach unten zeigen. Die Rasenschmiele (*Deschampsia cespitosa*) ist über lange Zeit hinweg ein Blickfang, und ihre Blütenrispen bilden einen schönen Kontrast zu den Samenständen des Nectaroscordums.

Nectaroscordum siculum
Höhe *1,2 m*
Breite *10 cm*
Blütezeit *Früh- bis Hochsommer*
Vorzüge *Hohe, steife Stängel tragen Dolden aus glockenförmigen Blüten. Die Farbe ist weder ganz rosa noch völlig grün oder grau.*
Weitere Sorten *N. ssp. bulgaricum ist sehr ähnlich, aber die Blüten sind eher violett. Man könnte stattdessen einen hohen Zierlauch wie* Allium hollandicum *verwenden.*

Corydalis flexuosa 'China Blue' (Lerchensporn)
Vom späten Frühjahr bis zum Sommer bildet dieser Lerchensporn dichte Trauben mit leuchtend grünen Blüten. Er bevorzugt nährstoffreichen, feuchten, aber durchlässigen Boden im Halbschatten. Die Pflanzen werden selten mehr als 20 cm breit, daher pflanzt man am besten mehrere zusammen. 'Purple Leaf' ist eine Sorte mit bronzeviolettem Blattwerk.

Deschampsia cespitosa 'Goldtau' (Rasenschmiele)
Diese Art gehört zu den größten und schönsten Gräsern, die in Europa beheimatet sind. In der Natur bevorzugt sie feuchten, sauren Boden. Sie bildet dichte Büsche aus schmalen, dunklen Blättern mit kräftigen, bis zu 1,2 m hohen Blütenstängeln. 'Goldtau' bildet elegante Rispen aus winzigen, violettgrünen Blüten, die im Herbst zu einem matten Cremegelb verblassen.

PFLANZENPORTRÄTS

Nectaroscordum siculum

89

Osmunda regalis *mit* Angelica gigas *und* Rodgersia pinnata 'Superba'

Der Königsfarn (*Osmunda regalis*) lässt sich im Garten wirkungsvoll einsetzen, vorausgesetzt, er steht in feuchtem Boden. Solange die Wurzeln feucht und kühl sind, verträgt er auch Sonne. Allerdings dauert es ein Weilchen, bis er ausgewachsen ist und seine majestätische Statur von bis zu 2 m Breite erreicht hat. Der gewöhnliche Königsfarn ist großartig und blattreich, und die grünen Wedel werden im Herbst, bevor sie absterben, buttergelb. In der Natur wachsen diese Farne an Gewässerrändern – die Gräben in Westirland sind voll davon – und wenn sie nicht ständig in dieser sanften Feuchtigkeit stehen, gedeihen sie nicht. Saure Böden mögen sie lieber als alkalische. Kombinieren Sie Königsfarne mit Pflanzen, die die gleichen Bedingungen brauchen. Natürliche Gefährten sind Rodgersien. Man könnte aber auch hohe gelbe Schwertlilien oder rundblättrige Ligularien dazupflanzen. Hier sind Farn und Rodgersie mit einer hübschen, violett blühenden Engelwurz (*Angelica*) kombiniert.

Osmunda regalis (Königsfarn)
Höhe *2 m*
Breite *2 m*
Vorzüge *Im späten Frühjahr entfalten sich schöne, leuchtend grüne Wedel und bilden etwa 1 m hohe Büsche. Im Sommer erscheinen zwischen den Wedeln hohe Stängel mit Büscheln aus rostbraunen Sporen.*
Weitere Sorten *'Cristata' hat Wedel mit verzierten Spitzen; die Wedel von 'Purpurascens' sind im Frühstadium bronze-violett überlaufen.*

Angelica gigas (Engelwurz)
Wie die Echte Engelwurz ist Angelica gigas zweijährig, doch Stängel und Blütendolden sind eher violett als blassgrün. Sie blüht erst im zweiten Jahr, im ersten bildet die Pflanze einen großen Blätterbusch, der alles andere verdrängt. In feuchtem, schwerem Boden können die Blütenstängel 2 m hoch werden, doch die Blüten öffnen sich erst im Spätsommer, später als die der Echten Engelwurz.

Rodgersia pinnata 'Superba'
Eine herrliche Blattpflanze mit handförmigen, mindestens 30 cm breiten Blättern auf kräftigen Stängeln. Die Blüten erscheinen recht spät über dem Blattwerk und ähneln mit ihren flauschigen, leuchtend rosa Rispen Astilben. 'Superba' trägt diesen Namen, weil die Blätter, wie altes Leder, besonders schön glänzen.

PFLANZENPORTRÄTS

Osmunda regalis

Paeonia lactiflora 'Bowl of Beauty' *mit* Euphorbia schillingii *und* Lilium martagon var. album

Drei Dinge muss man wissen, wenn man mit Pfingstrosen (*Paeonia*) Erfolg haben will. Zum einen, dass man sie nicht zu tief einpflanzt. In schweren Böden sind 2,5 cm Erde über dem Wurzelhals reichlich, und in leichten Böden ist eine doppelt so dicke Schicht mehr als genug. Die Blätter kämpfen sich vielleicht noch hindurch, aber wenn die Päonie zu tief in der Erde steckt, kann sie nicht blühen. Zweitens schätzen Päonien gute Nahrung: viel Humus und verrotteten Dung, der im Sommer vor der Pflanzung in den Boden eingearbeitet wird, sowie nach dem Pflanzen eine großzügige Portion Mulch. Die dritte Regel hat mit dem Wesen der Päonie zu tun, einer eigentümlichen Mischung aus aufbrausendem Temperament und Beständigkeit. Die prächtigen Blüten sind kurzlebig, doch die Pflanze selbst kann erstaunlich alt werden. Eine Päonie mag ein halbes Jahrhundert Vernachlässigung überstehen, doch Störungen verträgt sie nicht. Falls Sie also einen Garten mit einem Pfingstrosenbusch übernehmen, der sich eingelebt hat und blüht, sollten sie ihn in Ruhe lassen. Pflanzen Sie ein paar gute Nachbarn dazu, hier eine schöne Wolfsmilch (*Euphorbia*) und dort eine weiße Türkenbundlilie.

Paeonia lactiflora **'Bowl of Beauty'**
Höhe *80–100 cm*
Breite *80–100 cm*
Blütezeit *Frühsommer*
Vorzüge *Sehr große, tiefrosa Blütenblätter umgeben eine wuschelige Mitte aus cremeweißen, blütenblattähnlichen Staubblättern. Das Blattwerk ist ein schöner Hintergrund für frühjahrsblühende Zwiebelpflanzen.*
Weitere Sorten *'Laura Dessert' ist blass cremegelb und rosa überhaucht; 'Duchesse de Nemours' hat große, duftende, gefüllte weiße Blüten; 'Félix Crousse' hat große, tiefrosa, gefüllte Blüten mit gekräuselten Blütenblättern.*

Lilium martagon var. *album* (Türkenbundlilie)
Türkenbundlilien wachsen in nahezu jedem durchlässigen Boden in praller Sonne oder im Halbschatten. Die weiße Sorte ist besonders schön: An leuchtend grünen, bis 1,2 m hohen Stängeln hängen bis zu 50 Blüten. Sie sind nicht größer als 4 cm im Durchmesser, wirken aber durch ihre Menge.

Euphorbia schillingii (Wolfsmilch)
Tony Schilling führte diese Laub abwerfende Wolfsmilch vor nicht viel mehr als 20 Jahren aus Nepal ein, und sie eroberte sich schnell einen Platz unter den fünf schönsten Euphorbien. Die mit dunkelgrünen Blättern bedeckten Triebe bilden einen bis zu 1 m hohen Busch. Im Hochsommer bringen sie an den Spitzen grünlich gelbe Blütenstände hervor, die sich bis in den Herbst hinein halten.

Paeonia lactiflora 'Bowl of Beauty'

VOM FRÜHLING ZUM SOMMER • PFLANZENPORTRÄTS

Papaver orientale 'Patty's Plum' *mit* Iris orientalis *und* Petunia 'Purple Wave'

Manche Gärtner haben etwas gegen Türkischen Mohn *(Papaver orientale)*, weil die Blüten so kurzlebig sind. Das stimmt zwar, doch sie vergelten es mit ihrer Pracht. Wenn die kurze Blütezeit des Mohns vorüber ist, kann man das grobe Blattwerk über dem Boden abschneiden und das Beet mit Petunien bepflanzen. Da die Petunien einjährig sind und aus Samen gezogen werden, kann man sie ohnehin erst auspflanzen, wenn jegliche Frostgefahr vorüber ist. Wenn man die Petuniensämlinge in einzelne Töpfe setzt, wo sie ungehindert weiterwachsen können, braucht man sie erst in den Garten zu pflanzen, wenn der Mohn abgeschnitten ist. Dann sind es bereits große Pflanzen, die schnell blühen werden. Inzwischen sorgt die Iris dafür, dass das Beet nicht langweilig wird, denn sie blüht zwar gleichzeitig mit dem Mohn auf, hat aber eine längere Blütezeit. Auch ihre Blätter sind eine große Hilfe: Sie scheinen gegen Krankheiten immun zu sein und liefern einen schönen Hintergrund für den Mohn und später für die Petunien.

Papaver orientale 'Patty's Plum' (Türkischer Mohn)
Höhe *45-90 cm*
Breite *60-90 cm*
Blütezeit *Spätes Frühjahr bis Hochsommer*
Vorzüge *Ausgefallene Farbe, eine Mischung aus Taubengrau und verwaschenem Violett.*
Weitere Sorten *'Beauty of Livermere' hat leuchtend rote Blüten mit bis zu 20 cm Durchmesser; 'Black and White' hat weiße Blüten mit einem scharlachroten Fleck an der Basis der Blütenblätter.*

Iris orientalis (Schwertlilie)
Das Blattwerk sprießt schon mitten im Winter und erreicht schließlich eine Höhe von 1,2 m. Allein als Blattpflanze hat diese Iris ihren Wert, denn die schwertförmigen Blätter setzen wichtige Akzente in niedrigerem Blattwerk und bilden schnell große Büsche. Die schwertlilienförmigen Blüten sind weiß mit gelbem Schlund.

Petunia 'Purple Wave'
Die Wave-Serie der F1 Hybriden bringt außergewöhnlich wüchsige Petunien hervor. Sie sind zwar für Ampeln und Kübel gezüchtet, eignen sich aber auch gut als Bodendecker und blühen üppig, bis Kälte und Nachtfröste ihnen ein Ende bereiten. Einfarbige Pflanzungen wirken besser als bunte.

Papaver orientale 'Patty's Plum' ▷

Polystichum setiferum 'Pulcherrimum Bevis' *mit* Euphorbia x martinii *und* Galanthus 'Atkinsii'

Wenn die Wurzeln feucht und kühl bleiben, wächst der Borstige Schildfarn (*Polystichum setiferum*) auch in voller Sonne. Doch am besten gedeiht er unter Bäumen, wo er sich zu einem wirbelnden blättrigen Feuerrad entwickelt. Die perfekt gestalteten grünen Wedel werden von blassbraunen Mittelrippen gestützt. Da der Farn immergrün ist, kann man ihm beliebig viele kurzlebige Partner zugesellen – er wird stets mühelos die Hauptrolle spielen. Sommerblumen kommen und gehen, aber Farne wie 'Bevis' (den ein Landarbeiter gleichen Namens in Devon an einer Hecke entdeckte) bleiben nahezu ewig. Der Farn und die Wolfsmilch (*Euphorbia*) sorgen dafür, dass diese Gruppe das ganze Jahr über interessant ist. Am schönsten ist sie im Frühjahr, wenn Schneeglöckchen (*Galanthus*) und Wolfsmilch blühen.

Polystichum setiferum 'Pulcherrimum Bevis' (Schildfarn)
Höhe *60-80 cm*
Breite *60-80 cm*
Vorzüge *Schön ausgeglichene, federballähnliche Wuchsform mit besonders eleganten Wedeln.*
Weitere Sorten *Farne der P. setiferum Plumosodivisilobum-Gruppe bilden dichtere Büsche, die Wedel wachsen eher horizontal als vertikal und überdecken sich oft gegenseitig.*

Euphorbia x *martinii* (Wolfsmilch)
Diese Wolfsmilch stammt aus Südfrankreich und ist eigentlich ein Halbstrauch, keine Staude. Die aufrechten Triebe bilden bis zu 1 m hohe, immergrüne Büsche mit violettroter Tönung. An den Spitzen der Triebe entstehen von Frühjahr bis Hochsommer gelblich grüne Blüten mit einer roten Mitte.

Galanthus 'Atkinsii' (Schneeglöckchen)
Schneeglöckchenfreunde verbringen den größten Teil des Spätwinters und des zeitigen Frühjahrs auf Knien und diskutieren über die Herkunft ihrer Lieblingspflanze. Wir gewöhnlichen Sterblichen wissen über 'Atkinsii' vor allem, dass es bis zu 20 cm hoch wird, doppelt so hoch wie das Gewöhnliche Schneeglöckchen, G. nivalis. Die inneren Blütenblätter tragen an den Spitzen eine herzförmige grüne Zeichnung.

Pulsatilla vulgaris *mit* Primula Cowichan-Blue-Gruppe *und* Muscari comosum 'Plumosum'

Diese Pflanzengruppe wird in den glitzernden Farben eines Schmuckkästchens erstrahlen: Amethyst und Saphir. Aber es gibt viele mögliche Variationen. Falls Sie eine rötliche Küchenschelle (*Pulsatilla*) als Mittelpunkt wählen, können Sie kastanienbraune Cowichan-Primeln dazusetzen und erhalten eine ganz andere Wirkung. Der sanfte Farbton der Traubenhyazinthe (*Muscari*) passt zu beiden Kombinationen. Im Grunde handelt es sich hier um ein Frühlingstrio, auch wenn die Primeln vielleicht schon in einem milden Winter zu blühen beginnen. Im späten Frühjahr stehen alle drei in Blüte, danach gibt es außer den flaumigen Samenständen der Küchenschelle nichts mehr zu bewundern. Am besten setzt man die Pflanzen in kleinen Gruppen an die vordere Kante einer Rabatte oder an den Rand eines Steingartens.

Pulsatilla vulgaris (Küchenschelle)
Höhe *10-20 cm*
Breite *20 cm*
Blütezeit *Mittleres bis spätes Frühjahr*
Vorzüge *Glockenförmige, seidig behaarte Blüten in Violetttönen. Flaumige Samenstände, die sich lange halten. Farnähnliches Blattwerk.*
Weitere Sorten *'Alba' hat weiße, 'Röde Klokke' tiefrote Blüten; 'Flore Pleno' ist gefüllt, 'Barton's Pink' rötlich violett.*

Primula Cowichan-Blue-Gruppe
Es gibt viele verschiedene Primeln, die sich mit der Küchenschelle kombinieren lassen, aber die Cowichans mit ihren einfarbigen Blüten und winziger gelber Mitte sind besonders schön. Normalerweise ist es wirkungsvoller, wenn man sich im Garten auf eine Farbe beschränkt, statt eine bunte Mischung zu nehmen. Die Cowichans gibt es in Rot-, Braun- und Gelbtönen. Diese Sorte blüht in einem klaren Blau, so blau, wie eine Primel nur sein kann.

Muscari comosum 'Plumosum' (Traubenhyazinthe)
Die Blüten dieser Traubenhyazinthe sind äußerst ungewöhnlich: Statt die festen kleinen Blütenglöckchen zu bilden, die wir sonst von Traubenhyazinthen kennen, überrascht sie mit einem flaumigen Ball aus winzigen, purpurvioletten Fäden, überwältigend und reizvoll. Die Blätter werden nicht höher als 15 cm, aber die Blüten überragen sie um gut 5 cm.

Pulsatilla vulgaris

Smyrnium perfoliatum *mit* Tulipa 'Spring Green' *und* Myosotis sylvatica 'Music'

Die Stängel umfassende Gelbdolde (*Smyrnium*) sieht man in Gärten nicht so oft, wie man dies bei ihrem eigentümlichen, unvergesslichen Charme erwarten sollte. Sie hat ganz eigene Vorstellungen davon, wo sie wachsen möchte. Manche Gärtner sind der Ansicht, man könne sie nur ziehen, indem man frische Samen direkt an Ort und Stelle streute. Andere behaupten, man müsse mit guten Pflanzen in feuchtem, aber durchlässigem Boden beginnen. Die Gelbdolde ist zweijährig, dann ist man darauf angewiesen, dass die Pflanzen sich selbst wieder aussäen. Wilde Vergissmeinnicht (*Myosotis*) bevorzugen die gleichen Bedingungen, daher sind sie natürliche Gefährten (siehe S. 45). Das exotische Element in diesem Trio sind die Tulpenblüten, die auf einem Meer aus Vergissmeinnicht treiben. Allerdings müssen die Vergissmeinnicht so hoch sein, dass sie den Raum zwischen den Tulpenstängeln ausfüllen können. Alle drei Pflanzen blühen zusammen, wobei die Gelbdolde am längsten blüht.

Smyrnium perfoliatum (Gelbdolde)
Höhe *60-120 cm*
Breite *60 cm*
Blütezeit *Spätes Frühjahr bis Frühsommer*
Vorzüge *Die Blätter umfassen die Stängel auf attraktive Weise. Die leichten, luftigen Blütenstände zeigen das gleiche leuchtende Gelbgrün wie die Blüten der Wolfsmilch.*
Weitere Sorten *S. olusatrum bildet größere, rundere Blütenköpfe in einem weniger intensiven Farbton.*

Tulipa 'Spring Green'
Wie andere Viridiflora-Tulpen auch zeigt 'Spring Green' mitten auf jedem Blütenblatt eine breite grüne Flamme, die von innen und außen zu sehen ist. Diese grünen Flammen heben sich kühl und elegant von einem cremeweißen Hintergrund ab. Auch die Staubbeutel sind blassgrün und die Blütenblätter leicht seitwärts gedreht.

Myosotis sylvatica 'Music' (Vergissmeinnicht)
Manche Samenzüchter sind anscheinend entschlossen, die Vergissmeinnicht in Zwerge zu verwandeln, aber für diese Gruppe sollte man Sorten, die 'Ball' oder 'Mini' im Namen tragen, vermeiden und lieber eine Sorte wie 'Music' wählen, die bis zu 24 cm hoch wird. Normalerweise verwenden wir Vergissmeinnicht als Einjährige, aber sie säen sich reichlich selbst aus und sind daher so beständig wie Stauden.

PFLANZENPORTRÄTS

Smyrnium perfoliatum

101

Thalictrum aquilegiifolium *mit* Phormium tenax Purpureum-Gruppe *und* Papaver somniferum 'Paeony Flowered'

Grau- und Violetttöne beherrschen dieses Trio, das nur wenig Grün aufweist. Die Amstelraute (*Thalictrum aquilegiifolium*) und der Schlafmohn (*Papaver somniferum*) haben bereifte Blätter, wobei die wachsartige, ausgewaschene Wirkung in den Blätterbüscheln des Mohns kurz vor der Blütezeit am stärksten zur Geltung kommt. Alle *Thalictrum*-Arten sind im Garten willkommen, allerdings gedeihen sie am besten in Gegenden mit kühlen, feuchten Sommern. Halbschatten ist ihnen lieber als pralle Sonne. Die meisten Mohnarten bevorzugen andere Bedingungen, doch der Schlafmohn wächst beinahe überall. Die Amstelraute beginnt kurz vor dem Mohn zu blühen, es sei denn, Sie wählen eine später blühende *Thalictrum*-Art (siehe »Weitere Sorten«, rechts). Der Neuseeländer-Flachs (*Phormium*) gibt der Gruppe die nötige Beständigkeit, denn er behält sein Aussehen fast das ganze Jahr über.

Thalictrum aquilegiifolium (Amstelraute)
Höhe *1 m*
Breite *45 cm*
Blütezeit *Frühsommer*
Vorzüge *Beeindruckende Büschel aus zart geschnittenem, graugrünem Blattwerk und violette Blütenstände.*
Weitere Sorten *Das Violett von 'Thundercloud' ist sehr intensiv; T. delavayi blüht ab Hochsommer mit fliederfarbenen Blüten, die Sorte 'Hewitt's Double' hat dunklere, haltbarere Blüten.*

Phormium tenax Purpureum-Gruppe (Neuseeländer-Flachs)
Die steifen, schwertförmigen Blätter werden 2 m hoch und höher. Bei dieser Sorte ist das normale Graugrün der Blätter rötlich violett überlaufen. Wenn die Pflanze sich angesiedelt hat, bildet sie pflaumenfarbene Stängel mit mattroten Blüten. Die Samenstände sehen im Winter großartig aus. Der Flachs ist nicht zuverlässig winterhart, eignet sich aber besonders gut für küstennahe Gegenden.

Papaver somniferum 'Paeony Flowered' (Schlafmohn)
Diese Sorte bildet herrliches bereiftes Blattwerk und schöne Blüten, die bis zu 10 cm Durchmesser erreichen. Ihnen folgen große Samenkapseln. Wenn Sie Samen der einfarbig rosafarbenen, gefüllten 'Paeony Flowered' erhalten können, sollten Sie sie kaufen. Oder aber Sie züchten selbst einfarbige Spielarten aus dieser bunten Mischung.

Tulipa sprengeri *mit* Viola riviniana Purpurea-Gruppe *und* Hosta 'Halcyon'

Die Tulpe (*Tulipa sprengeri*), aus deren ovaler Knospe eine sternförmige Blüte mit schmalen, spitzen Blütenblättern wird, sollte möglichst gut zur Geltung kommen, denn sie ist die letzte Tulpe und bis zum nächsten Frühjahr zu sehen. Ihre Farbe ist eher klar als leuchtend, und die äußeren Blütenblätter sind außen gelblich braun und olivgrün überlaufen. Sie lässt sich recht gut aus Samen ziehen und blüht manchmal an schattigen Standorten unter Sträuchern. Weil Tulpen sich vollkommen zurückziehen, wenn ihre Blütezeit beendet ist, brauchen sie blattreiche Gefährten. Die violettgrünen Blätter des Veilchens (*Viola*) sind dauerhaft, und auch die Funkie (*Hosta*) mit ihrem graugrünen Blattwerk ist vom Frühjahr bis zum Herbst schön. Zum Aufhellen im Herbst kann man noch Herbstzeitlose dazusetzen.

Tulipa sprengeri
Höhe *50 cm*
Breite *7 cm*
Blütezeit *Spätes Frühjahr bis Frühsommer*
Vorzüge *Blüten in klarem Rot auf aufrechten Stängeln.*
Weitere Sorten *Andere gute rote Sorten, die im mittleren Frühjahr blühen, sind 'Abba', eine gefüllte Tulpe, und die beiden Darwin-Hybriden 'Apeldoorn' und 'Gordon Cooper'.*

Viola riviniana Purpurea-Gruppe (Waldveilchen)
Dieses kleine Waldveilchen ist nahezu immergrün, oder besser immerviolett, denn seine Blätter sind dunkel violettgrün, ein ausgezeichneter Hintergrund für die blass violettblauen Blüten, die im Spätfrühjahr und im Frühsommer erscheinen. Es kann wuchern, lässt sich aber leicht in Schach halten.

Hosta 'Halcyon' (Funkie)
Ihre Blätter sind graublau und etwa 20 cm lang. 'Halcyon' gehört zur Tardiana-Gruppe der Funkien und bildet im Sommer etwa 45 cm hohe Stängel, die dicht mit lavendelgrauen Blüten besetzt sind. Farblich wirkt die Pflanze also gedämpft. Beim ersten Frost gehen die Blätter zu Grunde, sprießen aber schon früh im nächsten Frühjahr wieder.

PFLANZENPORTRÄTS

Tulipa sprengeri

105

VOM FRÜHLING ZUM SOMMER • PFLANZENPORTRÄTS

Viola 'Ardross Gem' *mit* Crocus tommasinianus 'Barr's Purple' *und* Polemonium foliosissimum

Veilchen (*Viola*) springen uns nicht gleich ins Auge. Da sie kaum mehr als 15 cm hoch werden, sind sie für große Sprünge auch gar nicht geeignet. Sie wachsen im Stillen und umgarnen uns, ohne dass wir es bemerken. Und gerade zu diesem Zeitpunkt des Jahres kann nichts so viel Freude bereiten wie ein Teppich aus zahllosen malvenblauen Veilchen. Die Blüten schauen alle in die gleiche Richtung, ohne einander in die Quere zu geraten. Es ist, als würden sie beobachten, wer vorbeigeht, wobei jede Pflanze ein paar vorwitzige Blüten hat, die mit langem Hals an der Seite vorbeischauen, um besser sehen zu können. Sie sind zwar klein, aber beharrlich. Man braucht sie nur gelegentlich auszuputzen, eine Arbeit, die sich bei einem abendlichen Spaziergang durch den Garten mit einem Glas Wein in der Hand erledigen lässt.

Die Blütezeit dieser Gruppe beginnt im frühen Frühjahr mit dem Krokus. Die Jakobsleiter (*Polemonium*) blüht mit dem Veilchen zusammen.

Viola 'Ardross Gem' (Veilchen)
Höhe *15 cm*
Breite *30 cm*
Blütezeit *Spätes Frühjahr bis Spätsommer*
Vorzüge *Wunderschöne Farbe: sattes Malvenblau mit einem gelben Fleck am Kinn. Das Blau ist klarer und leuchtender als bei den meisten anderen Veilchen.*
Weitere Sorten *'Nellie Britton' (Syn. 'Haslemere') ist mattrosa, 'Maggie Mott' ist silbrig rosa; 'Molly Sanderson' hat schwarze Blütenblätter mit einem leichten Schimmer von Satin.*

Crocus tommasinianus 'Barr's Purple'
Die schmal zusammengedrehten Knospen des Crocus tommasinianus öffnen sich in der Sonne weit und zeigen ihre leuchtend orangefarbenen Narben. 'Barr's Purple' hat, ähnlich wie 'Whitewell Purple', eine sattere, dunklere Farbe. Er blüht oft schon im Spätwinter und bildet schnell Horste.

Polemonium foliosissimum (Jakobsleiter)
Die fliederfarbenen Blüten erscheinen in der ersten Sommerhälfte, doch das Blattwerk hält sich länger. Die leuchtenden, saftigen, farnartigen Blätter bestehen aus kleinen, paarig am Stängel angeordneten Blättchen. Eine andere Art, P. caeruleum (Blaue Himmelsleiter), hat leuchtend blaue Blüten. Beide werden etwa 60 cm hoch.

Zantedeschia aethiopica 'Crowborough' *mit* Iris pseudacorus *und* Ligularia przewalskii

Feuchter, sumpfiger Boden am Rand eines Teiches gefällt diesem Trio am besten, auch wenn alle drei Pflanzen in jedem Boden wachsen können, der schwer und nicht zu trocken ist. Die Zimmercalla (*Zantedeschia*) ist nicht immer frosthart, aber 'Crowborough' verträgt mehr Kälte als die meisten anderen Sorten und kommt auch mit trockenem Boden besser zurecht. Alle drei Pflanzen haben herrliches Blattwerk. Auch wenn die fabelhaften weißen Spathen der Calla, die jeweils einen gelben Spadix schützen, verblüht sind, erfreuen die großen, glänzenden, pfeilförmigen Blätter das Auge weiterhin und bilden mit ihrem glatten Rand einen schönen Kontrast zu den tief eingeschnittenen Blätter der Ligularie. Zwischen den beiden und ringsherum stehen die hohen, schwertförmigen Blätter der Iris. Bei einem so schönen Blattwerk braucht man kaum noch Blüten, aber die gelben Schwertlilienblüten erscheinen zusammen mit den Blüten der Ligularie, wenn die Calla verwelkt ist.

Zantedeschia aethiopica **'Crowborough'** (Zimmercalla)
Höhe *90 cm*
Breite *60 cm*
Blütezeit Spätes Frühjahr bis Hochsommer
Vorzüge *Auffallende weiße Spathen mit wachsartiger Oberfläche. Schöne, pfeilförmige Blätter.*
Weitere Sorten *Die Spathen von 'Green Goddess' sind grün überlaufen und an den Spitzen grün; 'Apple Court Babe' wird nur 60 cm hoch.*

Iris pseudacorus (Sumpfschwertlilie)
Die blassgrünen Blätter dieser wüchsigen Iris werden mindestens 90 cm lang. Sie mag feuchten Boden und wächst in freier Natur an Gewässerrändern. Die gelben Blüten erscheinen im Hochsommer, mehrere pro Stängel, und blühen nacheinander auf. 'Variegata' ist eine schöne, panaschierte Sorte mit cremeweiß gestreiften Blättern.

Ligularia przewalskii
Hervorragende, tief eingeschnittene, dunkelgrüne Blätter an fast schwarzen Stängeln. Die ebenfalls schwarzen Blütenstängel erheben sich über das Blattwerk und bilden vom Hoch- bis zum Spätsommer etwa 2 m hohe Rispen. In feuchtem Boden werden die Pflanzen zu großen Büschen, die im Garten wichtige Akzente setzen.

KÖNIGSFARN & ENGELWURZ

IM HOCHSOMMER IST DER GARTEN ein Paradies aus Blüten und Düften – das ist die schönste Zeit des Gartenjahres! Im unsicheren Frühling und im frostgefährdeten Herbst sind wir auf die winterharten Stauden angewiesen, die plötzliche Temperaturschwankungen vertragen. Im Sommer jedoch können wir im Garten

Hochsommer

Teppiche aus einjährigen Sommerblumen ausbreiten, die binnen kurzer Zeit erblühen und Samen bilden. Wir können Sukkulenten und andere empfindliche Pflanzen aus dem Gewächshaus holen und sie in den sommerlichen Reigen einfügen. Und Exoten können sich zwischen widerstandsfähigeren Gewächsen zur Schau stellen. Sommerliche Pflanzungen geben dem Garten ein neues, farbenprächtiges Kleid, so, als hätte er seine Urlaubsgarderobe ausgepackt.

Farben in der Hauptrolle
Der Hochsommer bringt ein Feuerwerk aus leuchtenden Primärfarben hervor. Die zerzausten Blütenköpfe von Eryngium x oliverianum *bilden einen Puffer zwischen den glühenden Magentatönen von* Lychnis coronaria *und den gelben, margeritenähnlichen Blüten von* Coreopsis verticillata.

Rot betritt die Bühne

Die früh blühende Montbretie 'Lucifer' mit ihren strahlend roten Blüten auf hohen Stängeln gehört zu den besten ihrer Art. Auch die Blätter sind herrlich: intensiv grün und auf der ganzen Länge gefältelt. Zwischen niedrigen Staudenpolstern setzen diese Blätter schöne Akzente.

Besonders feinsinnige Gärtner erschauern manchmal bei dem Gedanken an die typischen Sommerbeete. Das liegt allerdings nicht an den Sommerblumen – vor allem Einjährigen und frostempfindlichen Mehrjährigen wie Storchschnabel und Salvien –, sondern an der merkwürdigen Art, in der sie oft gepflanzt werden. Flammend rote Salvien werden in schnurgerade, parallele Reihen gesetzt, Storchschnabel steht in Quadraten stramm, und Lobelien davor als Wache. Dabei gibt es gar keinen Grund, warum es auf Sommerbeeten wie auf einem Exerzierplatz zugehen sollte. Ebenso gut kann man sie nach ästhetischen Kriterien gestalten.

Sommerbeete eignen sich sehr gut für kleine Stadtgärten. Wem nur ein Stückchen Vorgarten zur Verfügung steht, der möchte dieses intensiv nutzen, und Blumenbeete verschaffen uns die Möglichkeit, in einem Jahr

HOCHSOMMER

zwei oder sogar drei verschiedene Gestaltungsweisen auszuprobieren. Allerdings sind die meisten Beete zu bunt. Drei Farben sind reichlich, zwei schon besser. Häufig wird man feststellen, dass verschiedene Farbtöne einer Grundfarbe am besten wirken: zarte Gelbtöne, die Buttergelb und Cremeweiß umfassen, oder eine Mischung aus blassem Malvenrosa und sattem Purpurrot.

Zusätzliche Höhe und Substanz erhält ein Beet, wenn man zwischen die niedrigen Pflanzen, die den Teppich bilden, hohe Akzente – wie Strohblumen (*Helichrysum*) oder Canna – setzt. Dabei sind einige formale Regeln zu beachten. In einem runden Beet sollten die hohen Pflanzen in der Mitte stehen. Ein ovales Beet kann entweder eine oder drei hohe Pflanzen vertragen. Gartenmärkte bieten meistens nur eine beschränkte Auswahl an Beetpflanzen, häufig in Farbmischungen. Wenn Sie auf Sommerbeeten ausgeklügelte Farbwirkungen erzielen wollen, müssen Sie Ihre Pflanzen daher vielleicht selbst aus Samen ziehen.

Versuchen Sie zum Beispiel, Petunien mit *Senecio cineraria* zu kombinieren. So schaffen Sie ohne große Mühe eine effektvolle Pflanzung in Blau und Grau. Säen Sie die Petunien im zeitigen Frühjahr aus. Am besten wählen Sie dafür eine wetterfeste, einfarbig blaue Sorte wie 'Dreams Midnight Blue'. Bei 21 °C sollten die Samen innerhalb von zwei Wochen keimen. Sie werden pikiert; bevor man sie dann im Frühsommer auspflanzt, sollte man sie abhärten. *Senecio cineraria* ist in vielen Pflanzencentern erhältlich. Man kann sich entweder für eine Sorte mit filigranem Laub wie 'Silver dust' oder für eine rundblättrige Sorte wie 'Cirrus' entscheiden.

Um ein Beet in Cremeweiß, Grau und Violett zu erhalten, beginnt man am besten mit mehreren Exemplaren von *Felicia amelloides* 'Santa Anita Variegated', einer panaschierten Kapaster mit leuchtend blauen, in der Mitte gelben Blüten. Sie breitet sich schnell aus, ist aber nicht winterhart. Entweder überwintert man die Pflanzen in Töpfen oder vermehrt sie im Hoch- bis Spätsommer durch etwa 5 cm lange Triebstecklinge.

Kombinieren Sie die Kapastern mit einem dunkelblättrigen Heliotrop wie 'Chatsworth' oder 'Marine'. Die schönsten Sorten haben nahezu schwarze Blätter und bilden einen üppigen, satten Hintergrund für die violetten Blüten. Wenn die Sonne scheint, verströmen sie einen himmlischen Vanilleduft. Falls man die Pflanzen aus Samen zieht, sollte man daran denken, die Triebspitzen auszukneifen, wenn die Sämlinge etwa 7 cm hoch sind. So werden sie schön buschig und füllen auch größere Lücken.

Seine Höhe erhält dieses Beet durch den Beifuß *(Artemisia arborescens)*. Besorgen Sie sich Pflanzen mit einem kräftigen Mittelsproß und ziehen Sie diese an einem Bambusstab hoch. Kneifen Sie Seitentriebe aus, bis Sie ein Hochstämmchen von etwa 60-90 cm Höhe erhalten. Als Krönung könnte man das Ganze noch mit Strauchmargeriten *(Argyranthemum gracile)* einfassen, die silbergraue Blätter und weiße Blüten haben.

Zum Liebling des modernen, mediterran-tropischen Gartens haben sich die verschiedenen Salbeisorten entwickelt. Wenn man die Pflanzen sich selbst überlässt, erreichen sie meist erst im Spätsommer ihren Höhepunkt, sehen dann aber noch lange in den Herbst hinein gut aus. Versuchen Sie es mit

Die meisten Beete sind zu bunt. Drei Farben sind reichlich, zwei besser.

Salvia patens 'Cambridge Blue', S. 166

Salvia patens 'Cambridge Blue' oder mit dem kräftigeren, auffälligeren 'Guanajuato'. Mit der Zeit bilden sie Knollen, so wie Dahlien, die in milden Wintern im Boden überleben. Wo die Winter streng sind, muss man die Knollen aus dem Boden nehmen und an einem frostfreien Ort lagern.

Pflanzen Sie den Salbei zusammen mit einer fedrigen Strauchmargerite wie der hellgelben 'Jamaica Primrose' oder der blassrosa 'Vancouver'. Sie sind ebenfalls nicht winterhart. Für die Mitte diese Beetes nehmen Sie die Bleiwurz *(Plumbago auriculata)*, die oft als Kletterpflanze, nicht als Hochstämmchen, gezogen wird. Auch sie kann nur in mediterranem Klima und im Freien überwintern. Das Blattwerk ist unscheinbar, aber die einfachen, jasminähnlichen Blüten haben einen zauberhaften, eisblauen Farbton.

Eine Variation des Themas Blau und Silber erhält man, wenn man blau blühende Salvien mit Rainfarn *(Tanacetum coccineum)* kombiniert und dieser Gruppe mit einem als Hochstämmchen gezogenen Helichrysum Höhe gibt. *Salvia farinacea* 'Victoria' bildet Ähren mit satt violettblauen Blüten an Stängeln, deren Blau noch intensiver ist. Sie lässt sich leicht aus Samen ziehen, kommt aber in verregneten Sommern erst spät zur Blüte. Setzen Sie Rainfarn wie 'Silver Feather' dazu, um dem Beet einen filigranen Rahmen zu geben. Er wird nicht höher als 30 cm. Wenn die Komposition einen grünlich gelben Schimmer erhalten soll, pflanzt man *Helichrysum petiolare*

HOCHSOMMER

Sommerglanz

Stachys albotomentosa *ist zwar nicht zuverlässig frosthart, bildet aber schöne Blütenstände mit weichen, roten Blüten, die ähnlich wie beim häufigeren Wollziest* (S. byzantina) *quirlförmig um die kräftigen Stängel stehen. Hier wächst der Ziest mit Bidens ferulifolia* 'Golden Goddess' *zusammen, einer kurzlebigen Staude, die normalerweise als Einjährige gezogen wird und gelbe, margeritenähnliche Blüten bildet.*

'Limelight' in die Mitte, an einem Bambusstab gezogen, so dass es eine üppige Krone bildet. Diese Sorte ist interessanter als das silbrige Helichrysum, doch bei starker Sonne können die Blätter verbrennen.

SOMMERBEETE IM SCHATTEN

Einjährige mögen zwar am liebsten volle Sonne, man kann jedoch auch an halbschattigen Standorten Sommerbeete anlegen. Fleißige Lieschen *(Impatiens)* und Lobelien geben sich mit Schatten zufrieden, wobei die

Fleißigen Lieschen ihn sogar bevorzugen, vorausgesetzt, der Boden ist nicht zu karg und zu trocken. Kombinieren Sie zum Beispiel ein weiß blühendes Fleißiges Lieschen wie 'Accent White' mit leuchtend blauen Lobelien. Die Lobelien können dunkel- oder hellblau blühen, die Dunkelblauen mit ihrem blau überlaufenen Blattwerk passen allerdings besser zu Weiß. Beide lassen sich problemlos aus Samen ziehen und blühen vom Frühsommer bis zum ersten Frost, dass es eine wahre Freude ist.

Wer Fleißige Lieschen für unscheinbar hält, darf sich auf eine Offenbarung gefasst machen. Sie sind von unschätzbarem Wert.

Leider haben viele Gärtner Vorurteile gegenüber Fleißigen Lieschen – oft sind sie ihnen zu wuchskräftig. Doch sie sind von unschätzbarem Wert: anspruchslos und widerstandsfähig gegen Krankheiten, blühen sie lange, und, man kann es nicht oft genug betonen, sie wachsen hervorragend in tiefem Schatten. Die beste Wirkung erzielt man, wenn man sich auf eine Farbe beschränkt. Das kann Weiß sein oder eine hübsche Sorte wie 'Jumbo Mauve' – tiefrosa mit zarten weißen Streifen. Das 'Jumbo' im Namen rührt wohl daher, dass die Pflanzen 30 cm hoch werden, aber auch bei stürmischem Wetter dennoch stehen bleiben. Jede Pflanze bildet mindestens ein Dutzend Stängel und blüht ausgesprochen üppig.

Fleißige Lieschen werden meistens aus *Impatiens*-Arten gezüchtet, die in Ostafrika und Sansibar wild wachsen. 'Jumbo Mauve' allerdings ähnelt einer *Impatiens*-Art, die an den Flussufern Costa Ricas wächst. Es sind langstängelige Pflanzen, die im tiefen Schatten gedeihen. Denken Sie an die feuchte Heimat der Fleißigen Lieschen und wässern Sie die Pflanzen gut – sie werden es Ihnen mit ihrer Anmut danken. Von Zwergsorten und gedrungenen Sorten ist eher abzuraten, denn sie besitzen keine Ausstrahlung. Auch auf Farbmischungen sollte man lieber verzichten.

Viel hängt von der Wahl der richtigen Farbe ab. Wie in jeder Pflanzenfamilie, in der Züchter zu viel herumgepfuscht haben, gibt es auch unter den Fleißigen Lieschen einige weniger schöne Züchtungen.

Ein kühles Plätzchen

Sommer im Garten bedeutet nicht immer leuchtende Farben. Diese kühle Kombination enthält die bogenförmig verzierten Blätter des Federmohns (Macleaya cordata), die Samenstände der Mähnengerste (Hordeum jubatum), weiße Tabakblüten und die gekräuselten Blätter einer Kohlart.

Dazu gehört zum Beispiel 'Seashells Yellow'. Anfangs sind die Blüten, wie der Name sagt, gelblich, doch dann bleichen sie zu einem fleischfarbenen Farbton aus, der von der Mitte her von einem blassen Rosa überlaufen ist.

Pflanzen Sie die Fleißigen Lieschen an einem feuchten, schattigen Standort, etwa zusammen mit Semperflorens-Begonien. Wer Begonien als Zimmerpflanzen zieht, weiß, wie schön ihre Blätter sind, man denke nur an 'Burle Marx' oder *Begonia manicata*. Das gilt auch für Garten-Begonien: Die Blätter der Semperflorens-Hybriden sind typischerweise unsymmetrisch, behaart und kräftig. Wie die Fleißigen Lieschen sind sie hervorragend für Standorte im Schatten geeignet. Auch hier wirkt eine einzige Farbe besser als eine Farbmischung. Wählen Sie zum Beispiel ein zartes Rosa, das eine Spur dunkler oder heller ist als das der Fleißigen Lieschen. Die Blüten der Begonien ähneln wachsartigen Mohnblumen. Zwei große Blütenblätter biegen sich zu einem äußeren Kelch, in dem die restlichen Blütenblätter eng beieinander stehen, so dass eine gefüllte Blüte entsteht, jedenfalls an der Spitze des Triebes. Wenn der Stängel mehr als eine Blüte hat, sind die seitlichen Blüten ungefüllt.

Um den exotischen, etwas unwirklichen Effekt dieser Begonien zusätzlich hervorzuheben, kann man als Kontrast eine klassische Pflanze wie *Geranium palmatum* dazusetzen. Dieser etwas zartere Storchschnabel ist immergrün und beginnt mit dem Wachstum sehr zeitig im Jahr. Schon im frühen Frühjahr zeigen sich die großen, gefingerten Blätter. Sie bilden einen schönen Hintergrund für Tulpen, die als Platzhalter dienen können, solange man die Fleißigen Lieschen und die Begonien noch nicht auspflanzen kann. *Geranium maderense* ist ähnlich, aber noch zarter.

Geranium palmatum, S.82

DIE SCHÖNSTEN SOMMERBLUMEN

Die Pracht und die Vergänglichkeit des Sommers kommt vor allem in zwei Blütenpflanzen zum Ausdruck: in Mohn und in Zinnien. In ihren Blüten spiegelt sich der Grundcharakter des Sommergartens. Beide lassen sich in voller Sonne und leichtem, durchlässigem Boden problemlos ziehen und eröffnen dem Gärtner beinahe unendlich viele Möglichkeiten. Der Shirleymohn etwa, der vom Klatschmohn (*Papaver rhoeas*) abstammt, kann gelb, rosa, orange, rot, weiß, graurosa, gefüllt oder ungefüllt sein – er ist in jedem Fall bezaubernd. Diese Mohnsorte ist eine Züchtung von William Wilks, einem jener glücklichen Geistlichen im England des 19. Jahrhunderts, die das Gärtnern zu ihrer Lebensaufgabe machen konnten. Wilks war Pfarrer

in Shirley nahe Croydon in Surrey. Er züchtete den Shirleymohn aus einer einzigen, weiß umrandeten Mohnblüte, die er in dem wilden, einfarbig roten Klatschmohn in einem Winkel seines Pfarrgartens fand.

Wilks kennzeichnete die Blüte und zog aus dieser einen Samenkapsel im folgenden Jahr 200 Mohnpflanzen. Er nahm eine strenge Auslese vor und verwendete 20 Jahre lang nur die besten Sämlinge für seine Zucht. So schuf er eine Sorte mit einem breiten Farbspektrum. Die Blüten wirken wie Seidenpapier, das im Regen liegen geblieben ist. 'Zwischen drei und vier Uhr morgens bin ich schon bei meinen Blumen', schrieb Wilks, 'um die Schlechten auszureißen und zu zertreten, bevor die Bienen die Möglichkeit haben, deren Pollen auf andere zu übertragen.'

Es gibt noch andere ausgezeichnete Züchtungen von *Papaver rhoeas*, etwa 'Mother of Pearl'. Diese Sorte bildet zarte, gefüllte Blüten in Pastellfarben wie Graurosa und Taubengrau, deren Blütenblätter manchmal einen feinen Rand in blasseren Farbtönen haben. Regen bekommt diesem Mohn nicht, aber in dieser Phase des Hochsommers kann man zumindest hoffen, dass die Sonne über die Regenschauer siegt. Wenn Sie die Samen der Mohnblüten sammeln, die Ihnen am besten gefallen,

Gemälde aus Mohn

Unter günstigen Bedingungen sät sich dieser einjährige Klatschmohn (Papaver rhoeas 'Mother of Pearl') reichlich selbst aus. Diese Sorte züchtete der Maler Sir Cedric Morris in seinem Garten in Benton End im englischen Suffolk. Außer rot können die häufig gefüllten Blüten auch grau, mattrosa oder lavendelfarben sein.

Papaver rhoeas 'Mother of Pearl', S. 208

können Sie Ihre eigene Samenmischung zusammenstellen, Farben, die Sie nicht haben möchten, ausmerzen und Ihre Lieblingsfarben vermehren. Das geht auch mit anderen Mohnarten wie dem Islandmohn (*Papaver nudicaule*). Seine Wuchsform ist regelmäßiger als die des Shirleymohns. Die Blütenstängel erheben sich aus einer grundständigen Blattrosette, die nicht, wie beim Klatschmohn, behaart ist, sondern zart bereift.

Die Farbtöne des Shirleymohns finden sich am blauen Ende des roten Spektrums, die des Islandmohns am gelben. Doch wenn man die Samen des Islandmohns geduldig immer wieder auswählt und neu aussät, kann man sich eine Mischung aus Cremeweiß, Apricot und Rosa züchten und die knalligen Gelb- und Orangetöne der ursprünglichen Art vermeiden.

Wenn man die Samen gesammelt und gereinigt hat, sät man sie in einen Topf von 12 cm Durchmesser und drückt sie einfach an. Man zieht Klarsichtfolie

Blautöne

Diese Kombination ist einfach, aber wirkungsvoll und elegant. Das bereifte Grau der Samenkapseln des zweijährigen Schlafmohns (Papaver somniferum) *kontrastiert mit dem blaugrünen Blattwerk und den violetten Blüten von* Cerinthe major *'Purpurascens'.*

über den Topf und legt eine Steinplatte oder etwas Ähnliches darauf, denn die Samen brauchen zum Keimen Dunkelheit. Die Sämlinge pikiert man in 7-cm-Töpfe und pflanzt sie dann im Frühherbst aus. Das ist die mühselige Methode. Wenn Sie leichten, sandigen Boden und etwas Glück haben, können Sie die Samenkapseln auch einfach zerdrücken und über der Stelle, die Sie bepflanzen wollen, herumschwenken. Die Behauptung, dass dieser Mohn jedes Jahr wieder kommt, darf man allerdings nicht allzu wörtlich nehmen.

Einjährige Sommerblumen gehören in jedes sommerliche Beet — sie sind das i-Tüpfelchen im Garten.

In dieser Hinsicht sind die Sorten des Schlafmohns *(Papaver somniferum)* problemloser. Von den ein- und den zweijährigen Mohnarten kommt er am besten mit schweren, feuchten Böden zurecht. Wenn es den Pflanzen gut geht, werden sie 1,2 m hoch und bilden Unmengen von Knospen. Nässe macht ihnen weniger aus als dem Shirleymohn. Das üppige Blattwerk ist hübsch, wachsartig und silbrig. Der gewöhnliche Schlafmohn hat tiefrote, an der Basis dunkel gefleckte Blütenblätter, die einen Ring aus blass cremefarbenen Staubblättern einschließen. Mit weißem Pollen bedeckt taumeln die Hummeln aus den Blüten heraus. Doch auch andere Farben kommen vor — dunkle, fast schwarze Blüten, ein schönes Magenta mit violetten Flecken, ein sattes Rot. Die Blattränder von einigen Sämlingen sehen oft aus wie mit der Zackenschere ausgeschnitten. Die Blüten halten sich zwar nicht lange, aber die Samenkapseln sind größer als die von Shirley- oder Islandmohn. Wenn die Blätter gelblich und welk werden, kann man die Pflanzen, die man nicht mehr haben möchte, ausreißen. Die besten Exemplare lässt man zur Selbstaussaat stehen. Einige Schlafmohnsorten bilden große, gefüllte Puderquastenblüten, die herrlich anzusehen sind. Dazu gehören 'Pink Chiffon' und die ungewöhnliche 'Black Paeony', die tatsächlich einer Päonie ähnelt.

Zinnien sind viel auffälliger. Sie muten so fremdartig und exotisch an, dass viele Gärtner selbstverständlich annehmen, sie seien schwer zu ziehen.

Papaver somniferum 'Paeony Flowered', S. 102

Zerzaust

*Die kuppelförmigen Blüten-
köpfe der Alpendistel
(Eryngium alpinum) sind von
Brakteen umgeben, die weich
und dornig zugleich sind. Die
Alpendistel bildet unter den
Edeldisteln, allesamt prächtige
Gartenpflanzen, die größten
Blüten. Hier schweben die
blassen Blüten von Gillenia
trifoliata um die Blütenstände
herum.*

Zinnia, S. 168

Doch das stimmt nicht. Die Samen keimen innerhalb von vier Tagen. Das einzige Problem kann darin bestehen, dass man sie zu früh aussät, denn wenn Zinnien einmal mit dem Wachstum begonnen haben, lassen sie sich nicht gern aufhalten. Frost vertragen sie jedoch nicht. Wenn man also an einem Ort lebt, an dem man empfindliche Pflanzen erst im späten Frühjahr oder im Frühsommer auspflanzen kann, muss man die Zinnien eventuell lange in Warteposition im Haus halten.

Wenn die Sämlinge ihre ersten richtigen Blätter gebildet haben, verpflanzt man sie einzeln in 7-cm-Töpfe und lässt sie weiterwachsen, bis man sie ins Freie pflanzen kann. Sie entwickeln sich zu großen, buschigen Gewächsen, die im Hochsommer zur Blüte kommen und bis weit in den Herbst hinein blühen. Trotz ihrer geringen Größe können sie sogar Dahlien die Schau stehlen. Wer Zinnien aus Samen ziehen möchte, hat verschiedene Sorten zur Auswahl. Puristen betrachten bunte Samenmischungen mit Herablassung, aber wenn man erleben will, zu welchen Kunststücken eine Blüte fähig ist, geht das mit einer Mischung am besten. Manche Pflanzen bringen große

Nur an die Farbe zu denken kann für andere Vorzüge oder Nachteile einer Pflanze blind machen.

Fußbälle aus Blüten in grellem Pink, Orange und Gelb hervor. Andere bilden Blüten in einem außergewöhnlichen Hellgrün. Einige haben ein wunderschön komplexes Zentrum mit Staubgefäßen, die in kontrastierenden Farben geringelt sind. Nur wenige enttäuschen.

Beginnen Sie Ihren Auswahlprozess damit, dass Sie alle Sorten, die im Samenhandel als 'zwergwüchsig' beschrieben werden, verwerfen. Zinnien wachsen von Natur aus wunderbar kräftig und üppig und brauchen keine Stützen. Es sind robuste Pflanzen mit starken Stängeln. Anderen, schwächlicheren Pflanzen mag die Zwergform gut bekommen, Zinnien jedoch haben sie nicht nötig und verlieren durch solche züchterischen Experimente sehr. Verzichten Sie also auf Sorten wie 'Starbright Mixed'. Dabei handelt es sich um eine dürre Zwergform mit kleinen Blüten, deren Farbspektrum begrenzt und nicht besonders schön ist – es besteht vor allem aus einem grellen Orange. Warum sollte man Zeit und Mühe darauf

KÖNIGSFARN & ENGELWURZ

Bunter Wettstreit

Hohe, cremeweiße Trauben der Silberkerze (Cimicifuga simplex) konkurrieren mit der gelben Sonnenblume (Helianthus 'Capenoch Star'). Das Blau des Eisenhutes (Aconitum carmichaelii 'Kelmscott') ist in dieser Gruppe zurückhaltend. Dominiert wird sie von schönen Exemplaren der Zinnie 'Giant Flowered Mix'.

verschwenden, wenn man doch ebenso gut die bezaubernde, 60 cm hohe, eisgrüne Zinnie 'Envy' mit ihren limonengrünen Blüten ziehen kann? 'Tufted Exemption' hat fast kegelförmige Blütenköpfe, deren Blütenblätter um die Basis herum einen Rüschenrand bilden. 'Scabious Flowered' entwickelt riesige Blüten in einer Mischung aus Scharlachrot, Karminrot, Pink, Gelb, Orange und Cremeweiß.

Die erste Zinnie, die in England eingeführt wurde, war die *Zinnia pauciflora*. Ihr Name deutet an, dass ihre Blüten wenig Eindruck machten, und Phillip Miller, der sie um 1750 in London zog, war nicht besonders begeistert von ihr. Die heutigen Gartensorten stammen meist von einer anderen, und zwar mexikanischen Art ab, der *Zinnia elegans*. Sie wurde 1796 in England gezogen, dank der Marquise von Bute, der Gattin des Botschafters am spanischen Hof. Sie hatte die Pflanze aus Madrid bekommen.

FARBGESTALTUNG

Manchen Menschen sind die glühenden Farben einer Zinniengruppe zu knallig. Solche Gärtner scheuen auch vor einer Rabatte zurück, die ausschließlich mit Türkischem Mohn *(Papaver orientale)* in seinen intensiven Rottönen bepflanzt ist. Wenn es um das Gefallen geht, äußern wir am schnellsten unsere Ansicht über die Farbe. Farben registrieren und bewerten wir rascher als alle anderen Elemente unserer Umgebung. Das Besondere am Garten ist jedoch, dass er seine Farben ständig verändert. Für kurze Zeit kann ein Beet mit Mohn einfarbig rot sein. Doch wenn der Mohn verblüht ist, kann es ein ganz anderes Gesicht bekommen, das vielleicht vom kühlen Limonengrün und dem Weiß hoher Tabakpflanzen bestimmt ist.

Einfarbige Beete, deren Farbe das ganze Jahr über gleich bleibt, bieten scheinbar eine einfache Lösung. Sie locken mit der Möglichkeit, Entscheidungen über Farbkombinationen zu umgehen. Doch sie farblich zu gestalten ist schwieriger, als gemischte Beete zu bepflanzen, denn eine blaue Blume muss nicht unbedingt zu einer anderen blauen Blume passen. Unter Umständen wirkt sie vor weißen oder gelben Blüten viel besser.

Das gilt zum Beispiel auch für den Ehrenpreis *(Veronica* 'Crater Lake Blue') und die Breitblättrige Glockenblume *(Campanula latifolia)*. Beide blühen blau, aber der Ehrenpreis hat leuchtend blaue Blüten, während das zartere Blau der Glockenblume leicht ins Rosa geht – sie passen nicht zusammen. Der Ehrenpreis verträgt eine reine, kräftige Farbe neben sich, weiße Maßliebchen oder das klare Gelb der Saat-Wucherblume *(Chrysanthemum segetum)*. Zum gedämpften Blau der Glockenblume passen andere Mischtöne: mattrosa Sterndolden, tiefviolette Klematis oder limonengrüne Tabakblüten.

Weiße Farbtöne wirkungsvoll zu platzieren gehört zu den schwierigsten Aufgaben des Gärtners. Denn das Kalkweiß einer Pflanze wie der Nachtviole sieht neben dem cremigeren Weiß einer Rose wie 'Nevada' einfach furchtbar aus. Cremeweiße oder gebrochen weiße Farbtöne sind im Garten leichter unterzubringen als ein kaltes, reines Weiß. Sie fallen nicht so stark auf und passen sich ihrer Umgebung besser an. Pflanzen mit reinweißen Blüten dagegen kann man oft nur in Gruppen für sich setzen, etwa vor eine dunkelgrüne Hecke. Für die kalkweiße Nachtviole ist es schwieriger einen Platz zu finden als für den weißen Fingerhut, der bei genauerer Betrachtung eigentlich leicht cremeweiß oder grünlich weiß blüht.

KÖNIGSFARN & ENGELWURZ

Ruhige Tage

Ein zartes, dunstiges Violett-blau verbindet die beiden Partner Allium cristophii und Nepeta 'Six Hills Giant'. Diese Katzenminze wächst sehr gut und bietet den ganzen Sommer über einen herrlichen Anblick.

Die englische Gärtnerin Gertrude Jekyll predigte, dass man weiße Blumen mit einer Spur Blau oder Zitronengelb kombinieren solle. Ein Grundsatz, den Phyllis Reiss in Tintinhull in Somerset befolgte. Die weißen Blüten im Fountain Garden hoben sich von Graublau und Anilingelb ab.

Der 'Weiße Garten' des amerikanischen Gärtners Lawrence Johnston in Hidcote in Gloucestershire ist ähnlich sorgfältig komponiert. Für die Beete wählte Johnston keine reinweiße Rose, sondern 'Gruß an Aachen' mit ihren cremeweißen, zartrosa überhauchten Blüten. Der weiße Steinsame (*Osteospermum*) und der weiße Ziertabak sind ebenfalls leicht abgetönt, der Steinsame mit Blau, der Tabak mit Grün. Außerdem schimmern die blassen Farben vor einem dunklen Hintergrund aus beschnittenem Taxus und Buchsbaum. Im Schatten kommen weiße Gärten ungleich besser zur Geltung als in der Sonne.

Einfarbige Gärten setzen uns enge Grenzen. Wer viel Platz hat, kann natürlich eine Ecke für einen weißen Garten reservieren oder eine Rabatte

Farben bringen die unterschiedlichsten Stimmungen in einen Garten.

Lilium regale, S. 166

ganz in Blau halten. Doch die meisten Gärtner haben diesen Platz nicht. Sie möchten in ihrem Garten verschiedene Stimmungen erzeugen – einfarbige Pflanzungen schränken dabei stark ein und bringen die Gewächse oft auch nicht optimal zur Geltung. Die prächtige weiße Königslilie (*Lilium regale*) zum Beispiel trägt an ihrem Blütenstängel einen Kranz aus schlanken Trompeten. Wenn man diese elegante Schöne jedoch auf einem weißen Beet vor eine weiße Glockenblume setzt, fließen die beiden einfach ineinander. Pflanzt man die Königslilie aber auf ein gemischtes Beet, zusammen mit dem panaschierten Phlox 'Norah Leigh', der dunkelblättrigen Wolfsmilch 'Chameleon' und – in gebührendem Abstand – der Ochsenzunge (*Anchusa*) 'Loddon Royalist', erhält man einen weitaus schöneren Effekt. Man könnte noch die Königskerze (*Verbascum*) 'Gainsborough' dazusetzen, die zitronengelb blüht und dem Arrangement eine ganz besondere Note verleiht.

Die violette Rabatte in Sissinghurst ist interessanter als die weiße, denn sie umfasst das ganze Farbspektrum von Rot bis Dunkelblau. Im Herbst sind

Verbascum chaixii 'Gainsborough', S. 176

die scharlachroten Hagebutten der *Rosa moyesii* 'Geranium' das Schönste in dieser Pflanzung. Sie verleihen dem sonst eher strengen Beet Schwung und Vitalität. Weinroter Zierlauch, magentafarbener Storchschnabel, tiefblauer Salbei und die blasse Clematis 'Perle d'Azur' sind mit Iris, Astern und Bartfaden kombiniert. Dazwischen finden wir einen Hauch des purpurroten Laubes vom Perückenstrauch (*Cotinus coggygria* 'Foliis Purpureis').

Die Komposition ist beeindruckend, aber mit ihrer opernhaften Dramatik nicht unbedingt für den Alltag geeignet. Dunkle, satte Farbtöne, wie die Blätter der Fetthenne 'Mohrchen' sie zeigen (hier mit einem metallischen Glanz), wirken weniger bedrückend, wenn man sie mit blasseren Farben aufhellt. 'Mohrchen' etwa passt ausgezeichnet zu den hell gestreiften Blättern der Binsenlilie (*Sisyrinchium striatum* 'Aunt May') und den kapriziös gespornten Blüten einer Akelei wie *Aquilegia longissima*.

Aquilegia longissima, S. 78

Für die Gestaltung einer Gartenanlage sind die Blätter weitaus wichtiger als die Blüten.

Nur an die Blütenfarbe zu denken kann uns für andere Vorzüge – oder Nachteile – einer Pflanze blind machen. Die Blüte ist, wie schon gesagt, nur ein Aspekt einer Pflanze und die Blütezeit im Verhältnis zu den Monaten, in denen Pflanzen durch Form und Blattwerk wirken, relativ kurz. Wenn man einfarbige Beete anlegt, besteht die Gefahr, dass man sich auf eine Pflanze konzentriert, weil sie blau, weiß oder gelb blüht, und dabei nicht berücksichtigt, dass ihre Blätter so wenig ansehnlich sind wie verwelkter Salat. Ob Farben zusammenpassen, hängt außerdem immer vom persönlichen Geschmack ab. Ein Beet mit Türkischem Mohn mag vielen Gärtnern farblich zu aufdringlich sein, aber die Farben des Mohns liegen nun mal alle im orangeroten Bereich des Rotspektrums. Das Magenta der Wiesen-Siegwurz (*Gladiolus communis* ssp. *byzantinus*) dagegen liegt im blauroten Bereich und beißt sich mit der Farbe des Mohns.

Gladiolus communis ssp. *byzantinus, S. 82*

Mit einer Farbe kann man entweder den Charakter eines Entwurfs betonen oder miteinander verschiedene Bereiche des Gartens, deren Gestaltung unbefriedigend ist, verbinden. So eingesetzt, wirkt normalerweise eher die Farbe des Blattwerks statt die der Blüten. Die goldenen Blätter von Funkien können behutsam den Weg durch den Garten weisen, genauso wie das dunkle Laub der *Clematis recta* 'Purpurea' oder der bronzefarbene Fenchel. Denn die Blüten brauchen selbst im Hochsommer als Hintergrund üppiges Blattwerk, den Samt, auf dem die Juwelen liegen.

Clematis recta 'Purpurea', S. 76

BLATTWERK ALS RAHMEN

Blüten brauchen Blätter. Diesen Lehrsatz sollte man in den Grundstein eines jeden Gartens im Lande einritzen, er sollte jedes Gartentor zieren und in jeden Spatenstiel graviert werden. Typisch für die meisten Gärtner ist jedoch, dass sie von den Farben der Blüten besessen sind. Sie sind in der Tradition von Sissinghurst mit seinen einfarbigen Beeten aufgewachsen und glauben nun, der einzige Weg zur Glückseligkeit bestünde darin, die Blüten der Pflanzen kennenzulernen und dann mit peinlicher Sorgfalt diese Exemplare für ihre Beete auszuwählen.

»Lachsrosa! Wie mutig von Ihnen!«, rufen die Vertreter des weißen Gartens, wetzen in Gedanken schon die Messer und prophezeien dieser Geschmacklosigkeit den gärtnerischen Gnadentod. Wie soll man ihnen erklären, dass es bei der Rodgersie, die sie gerade betrachten, nicht um die bräunlich rosafarbenen Blüten geht, sondern um das bronzerote Blattwerk darunter? Die ausschließliche Beschäftigung mit der Blütenfarbe hat wichtige Grundsätze guten Gärtnerns verdrängt. Für die Gestaltung einer zufrieden stellenden, dauerhaften Gartenanlage sind die Blätter weitaus wichtiger als die Blüten. Und in Stadtgärten, die inmitten von Beton, Asphalt, Lärm, Staub und allgemeiner Unruhe kleine Oasen sein sollen, ist das kühle, stille Grün als Hintergrund für gelegentliche Farbexplosionen unverzichtbar.

Wenn man mit dem Gärtnern beginnt, lässt man sich leicht von Blüten verführen. Man blättert in Katalogen, besucht Gartenmärkte, und ohne lange zu überlegen wählt man Pflanzen aus, am liebsten solche, die gerade in Blüte stehen. Doch sich ausschließlich von den Blüten einer Pflanze beeindrucken zu lassen ist so, als wollte man einen Mann nur nach dem Armanijackett, das er gerade trägt, beurteilen. Leider haben manche Pflanzen, wie manche Menschen auch, tatsächlich nicht viel mehr zu bieten. In der Masse mögen sie vielleicht noch passabel wirken, aber als Individuen sind sie nichts sagend.

Einjährige Sommerblumen sind herrlich. Sie gehören unbedingt in jeden sommerlichen Garten. Ihre Blätter allerdings machen nur selten Eindruck. Einjährige sehen daher viel besser aus, wenn sie sich mit dem Blattwerk ihrer Nachbarpflanzen schmücken können. Sie sind die

Schnörkel, die Verzierungen im Garten, aber sie haben nur selten genug Substanz, um für sich allein zu stehen und dauerhaft zu wirken.

Wenn man dem Garten eine gute Basis geben möchte, braucht man Pflanzen, die auch vor und nach der sechswöchigen Blütezeit wirken. Sobald Sie sich im Gartenmarkt in eine blühende Pflanze verlieben, sollten Sie sich fragen: 'Wie wird diese Schönheit ohne ihre Blüten aussehen? Hat sie eine interessante Form? Wie steht es um ihre Blätter?' Wenn man eine Pflanze nach diesen Kriterien beurteilt, sind die Blüten eine Zugabe, nicht die Hauptsache. Einige der Basispflanzen sollten immergrün sein, damit sich der Garten im Winter nicht in ein Geflecht aus kahlem Astwerk auflöst. Die Wolfsmilch *(Euphorbia characias)* ist hier gut geeignet, denn sie bildet kräftige Büsche aus immergrünem Blattwerk. Sie blüht im Frühjahr, aber wenn man dann Monate später die abgeblühten Stängel herausschneidet, wird das meergrüne Blattwerk zum schmeichelnden Hintergrund

Dreimal Blau

Die Jungfer im Grünen (Nigella damascena) *verschönert den Garten erst mit ihrem zarten Blattwerk, dann mit bezaubernden, himmelblauen Blüten und schließlich mit auffallenden Samenständen. Hier ist sie mit* Clematis integrifolia *und* Geranium 'Johnson's Blue' *kombiniert.*

> *Blüten brauchen selbst im Hochsommer üppiges Blattwerk als Hintergrund, um in ihrer ganzen Pracht wirken zu können.*

für alle benachbarten Sommerblumen. Es unterstreicht ihre Blütenfülle, ohne von ihnen abzulenken. Die Euphorbie ist, wie die Funkie, eine hervorragende Blattpflanze. Andere, etwa die Montbretie, mögen nicht so berühmt sein, und man erwirbt sie eher wegen ihrer leuchtend roten Blütenähren. Aber dann stellt man fest, dass die langen, schwertförmigen Blätter genauso wertvoll sind. Man braucht diese strengen Vertikalen, um in einer Pflanzung Abwechslung zu schaffen und Akzente zu setzen. Kombinieren Sie die scharlachrote Montbretie 'Lucifer' mit der dunkelblättrigen Dahlie 'Bishop of Llandaff', deren Blüten ebenso leuchtend rot sind. Die meisten Gartenfreunde suchen sich diese beiden Pflanzen wegen ihrer spätsommerlichen Blütenpracht aus. Doch schon lange bevor die Blüten sich öffnen, kann man sich schon an dem kontrastierenden Blattwerk erfreuen und man lernt seinen Nutzen und seine Schönheit schätzen. Blätter ergeben zwar immer Masse, aber sie sind nicht immer schön.

Crocosmia 'Lucifer', S. 146

Stille Eleganz

*Das Cremeweiß der panaschierten Blätter der Funkie (*Hosta *'Wide Brim') finden wir in den Blüten der Silberkerze (*Verbascum chaixii *'Gainsborough') wieder. Das junge Blattwerk von* Stachys byzantina *'Primrose Heron' ist ebenfalls blassgelb überlaufen, mit dem Alter werden die Blätter aber dunkler.*

Rodgersia aesculifolia, S. 174, *und R. pinnata* 'Superba', S. 90

Matteuccia struthiopteris, S. 152
Adiantum aleuticum, S. 202

Manchmal ist man bereit, langweilige Blätter in Kauf zu nehmen, wenn die Pflanze etwas anderes zu bieten hat, zum Beispiel einen besonderen Duft. Der Duft einer Blüte kann einen Zauber haben, der uns alle anderen Eigenschaften der Pflanze vergessen macht. Man schwebt mit diesem Duft fort. Man könnte die ganze Welt umarmen und den Nachbarn auch. Für ihren Duft lässt man der Pflanze ihr unscheinbares Blattwerk durchgehen.

Pflanzen wie der Monbretie, deren Blattwerk und Blüten gleich wertvoll sind, sollte man immer den Vorzug geben. Auch das so genannte Schaublatt, die Rodgersie, gehört in diese Gruppe. Sie wird häufig als Moorpflanze eingeordnet, gedeiht jedoch auch auf normalen Böden, solange diese nicht zu trocken und sandig sind. Rodgersien bilden im Hochsommer prächtige, plüschige Federbüsche in Rosa oder Weiß. Doch zuvor haben sie das Gärtnerherz schon zwei Monate lang mit ihren herrlichen Blättern erfreut.

Rodgersia aesculifolia besitzt glänzend bronzefarbene, gefingerte Blätter. Die einzelnen Blättchen stehen wie die Speichen eines Regenschirms um einen zentralen Blattstiel herum und ähneln von der Form her Rosskastanienblättern. Die Blätter von *Rodgersia pinnata* sind ähnlich angeordnet, glänzen aber nicht, und die Pflanze ist insgesamt weniger massig. Natürliche Gefährten sind Farne, entweder der hohe Straußfarn *(Matteuccia struthiopteris)* oder der zartere Frauenhaarfarn *(Adiantum aleuticum),* aber auch das Federborstengras *(Pennisetum)* mit seinen buschigen, raupenähnlichen Samenständen.

SPIEL MIT VIOLETT

Es gibt Blattwerk, das man unbedenklich einsetzen kann. Am schwierigsten jedoch sind violette Blätter; große Büsche, wie violettlaubige Berberitzen oder die Lambertsnuss, können bedrückend wirken. Doch hier soll es glücklicherweise nicht um Sträucher gehen. Violett liegt inzwischen im Trend, vor allem, wenn es mit ähnlich satten Farben wie Königsblau und Scharlachrot kombiniert wird. Wie bei jedem Trend besteht jedoch auch hier das Problem, dass die Menschen, die ihn geschaffen haben, schon längst einer anderen Modeströmung folgen, wenn die Mehrheit gerade erst beginnt, sich danach auszurichten.

In diesem Fall wollen wir allerdings hoffen, dass die Vorliebe für Violett mehr als nur ein Trend ist und weiterhin anhält, denn es gibt zahlreiche gute Pflanzensorten mit violettem Blattwerk oder violetten Blüten. Auch wenn die nächste Modewelle das Land überschwemmt, werden vernünftige

Köpfe und Rispen

Eine einfache, aber wirkungsvolle Kombination: Die kegelförmigen Blütenköpfe von Allium sphaerocephalon *tanzen mit Samenkapseln des Schlafmohns* (Papaver somniferum) *und flauschigen Rispen vom Hasenschwanzgras* (Lagurus ovatus).

Allium giganteum, S. 138

Allium cristophii, S. 140

Gärtner ihre violetten Iris, Allia, Tulpen, Lenzrosen, Bartnelken und Schachbrettblumen weiterhin ziehen. Sie sollten in keinem Garten fehlen. Selbst in die Anlagen der Minimalisten, in denen nur stachlige Gewächse oder isolierte Pflanzengruppen mit grünen Blüten die kahlen Betonflächen und die glatten Aluminiumplatten auflockern dürfen, hat Violett Eingang gefunden. Es hat das Weiß von seiner herrschenden Position verdrängt.

Die Alliumsorten gehören zu den Lieblingen der Gartendesigner. Alle bilden einen Stängel mit einem Ball an der Spitze, und die meisten sind violett. Die Unterschiede liegen im jeweiligen Verhältnis von Stängel zu Ball. *Allium cristophii* ist gedrungen und kopflastig und der Ball eigentlich zu groß für den Stängel, aber mit seiner prächtigen Ausstrahlung überwindet der Zierlauch dieses Missverhältnis. *Allium caeruleum* dagegen bildet 60 cm hohe Stängel mit nur etwa 2,5 cm großen Blütenkugeln in einem schönen, klaren Himmelblau. Wenn man genug davon pflanzt, ist ihre Wirkung traumhaft, vor allem, wenn sie sich durch ein niedriges Meer aus Grau hindurchschieben, etwa eine kriechende Sorte des Silberwermuts *(Artemisia stelleriana)*. Der Riesenlauch *(Allium giganteum)* bildet auf 1,2 m hohen Stängeln Blüten von 12 cm Durchmesser. Die Blütenköpfe ähneln denen von *Allium cristophii*, erscheinen aber später, eher im Hoch- als im Frühsommer. Er passt als Hintergrund zu gefüllten Päonien oder zum Honigstrauch *(Melianthus major)*, einer ausgezeichneten Blattpflanze. Die Schmucklilie *(Agapanthus)* könnte sie dann später ablösen.

Violett wirkt am besten in Kombination mit einem dunklen, satten Rosa oder Pink.

Natürlich gibt es schon von jeher violette Gartenpflanzen. Man denke nur an Veilchen, Lupinen und die schöne, dunkelblättrige Engelwurz *(Angelica gigas)*. Oder nehmen wir den herrlichen Wiesenkerbel *(Anthriscus sylvestris* 'Ravenswing')* mit seinem violettbraunen Blattwerk oder das elegante Federborstengras *(Pennisetum setaceum)*, dessen Blätter und Blütenstände aussehen, als hätte man sie in Rotwein getaucht. Verwenden Sie also nicht zu viele Pastellfarben. Das »National Garden Bureau« in Amerika hat die Psychologie der Farben im Garten erforscht und herausgefunden, dass Weiß Menschen anspricht, die es aufgeräumt und ordentlich mögen. Von Violett ist in der Studie allerdings nicht die Rede. Vielleicht war hier ein Zensor am Werk? Violett hat, im Unterschied zu Weiß, etwas Leidenschaftliches.

Angelica gigas, S. 90

Violett und Weiß vertragen sich nicht gut miteinander, wohl aber Violett und ein dunkles, sattes Rosa oder ein Pink. Setzen Sie die tintenfarbene Akelei 'William Guiness' hinter Teppiche aus leuchtenden Nelken, oder pflanzen Sie Tränendes Herz *(Dicentra spectabilis)* vor die ausgezeichnete *Clematis recta* 'Purpurea', deren Blätter von Violett durchtränkt sind. Kombinieren Sie den mattvioletten Türkischen Mohn 'Patty's Plum' mit Büscheln der magentarot blühenden Wiesen-Siegwurz *(Gladiolus communis* ssp. *byzantinus)*.

Papaver orientale 'Patty's Plum', S. 94; *Gladiolus communis* ssp. *byzantinus,* S. 82

Violett passt auch zu einem satten Königsblau, wie dem der Ochsenzunge *(Anchusa)*. Die Ochsenzunge mit ihren glühend blauen Blüten ist eine unzuverlässige Staude, aber gut gezogene Exemplare bieten einen

KÖNIGSFARN & ENGELWURZ

Verbena bonariensis,
S. 212

unvergesslichen Anblick. Man pflanzt sie hinter violette Bartiris wie die niedrige 'Langport Wren' oder die höhere 'Swazi Princess' und kombiniert sie mit Riesenlauch. In die Lücken passen bronzefarbener Fenchel oder auch einjährige Exemplare der violetten Engelwurz. Im späteren Sommer könnte man dann eine violette Gruppe bilden. Man fängt zum Beispiel mit der *Verbena bonariensis* an, die nur aus dünnen, vielfach verzweigten Stängeln mit Blütenbüscheln am Ende zu bestehen scheint. Sie blüht vom Hochsommer bis zum Winteranfang, wenn auch noch späte Blüten von

Gewächse mit violettem Blattwerk können einer Gruppe Beständigkeit geben, während ringsherum kurzlebigere Pflanzen kommen und gehen.

Salvia patens 'Cambridge Blue', S. 166

Salvia patens 'Cambridge Blue' erscheinen. Trotz ihrer Höhe von bis zu 1,50 m sind diese Verbenen so schwerelos, dass man ohne weiteres zwischen ihnen hindurchsehen kann. An den vorderen Rand eines Beetes gesetzt, wirken sie wie ein Perlenvorhang, der einen Blick auf die Schönheiten dahinter gewährt.

Zwischen die Stängel der Verbene könnte man einen kriechenden, violettroten Storchschnabel setzen, etwa 'Russell Prichard' oder 'Ann Folkard'. Als Bodendecker gibt der Storchschnabel der Pflanzung Substanz, ohne die Blüten der Verbene zu stören. Nur wenige Gartenpflanzen haben eine so lange Blütezeit wie 'Russell Prichard'. Sie beginnt im Frühsommer und endet erst im Herbst, wenn die langen Seitentriebe bis hin zum kompakten Wurzelhals in der Mitte absterben.

Wenn Platz genug für die Blütenähren von Trichterschwertel bleibt, kann man sie neben die Verbene oder an ihrer Stelle pflanzen. Wählen Sie *Dierama pulcherrimum*, deren Blütenstängel sich in hohen Bögen aus der Mitte der grasartigen Blätterbüsche erheben. 'Blackbird' hat besonders dunkle, weinrote Blüten. Die Knospen entspringen aus trockenen, bräunlichen Papierhülsen und hängen an fadendünnen, nahezu unsichtbaren Stielen. Mit dieser Kombination ist Ihr Garten im Sommer unschlagbar.

HOCHSOMMER

Violette Pflanzen wirken am besten, wenn sie sich von anderen Farben abheben können. Weiß kommt dafür nicht in Frage, weil der Kontrast zu hart ist. Gut geeignet jedoch sind Cremeweiß, Orange (wenn Sie sich trauen) und vor allem die verwandten Farben Rot, Dunkelrosa und Blau. Häufig können Gewächse mit violettem Blattwerk einer Gruppe Beständigkeit geben, während ringsherum die kurzlebigeren Pflanzen einander ablösen. Manchmal ist das violette Blattwerk selbst unbeständig, wie etwa bei *Rheum palmatum* 'Atrosanguineum', einem prächtigen Rhabarber mit großen, gezackten Blättern. Im Frühling ist er faszinierend: Die glänzenden Knospen wirken wie geballte Fäuste, prall und ungeduldig. Im späteren Frühjahr schießen violettrote Blütenrispen in die Höhe, und danach fällt die Pflanze vollkommen in sich zusammen. Allerdings man kann die Lücke schnell mit violetten Sommerblühern füllen, etwa mit Cannas wie 'Roi Humbert' oder mit einer Dahlie wie 'Arabian Night', deren Blüten über den grünen Blättern fast schwarz wirken. Noch besser ist 'Grenadier', bei der das Violett in den Blättern liegt und deren Blüten brennend rot sind. Cannas und Dahlien kommen erst nach dem letzten Frost ins Freie, daher ist es optimal, dass der Rhabarber sich genau zu diesem Zeitpunkt zurückzieht.

Dahlia 'Grenadier', S. 204

Der Beifuß (*Artemisia lactiflora* Guizhou-Gruppe) ist im Sommergarten dauerhafter als der Rhabarber. Seine fedrigen Büsche mit den schön eingeschnittenen Blättern wirken wie in Violett getaucht. Im Spätfrühling passt sein Blattwerk gut zu violetten Tulpen wie 'Negrita' oder der cremeweiß und violetten 'Shirley'. Später, im Sommer, wenn die cremeweißen Blütenstände des Beifußes eine enorme Höhe erreichen – bis zu 1,50 m – könnte man nach rosa Lilien Ausschau halten, um sie in Töpfen davor zu stellen.

Die Gefahr bei Violett liegt in seiner Schwere. Man sollte diese Farbe daher behutsam einsetzen und nie zu viele violette Pflanzen miteinander kombinieren, ohne die Gruppe mit anderen Farben aufzulockern. Außerdem muss man bei violettem Blattwerk mehr auf der Hut sein als bei violetten Blüten. Die Blüten sind vergänglich, aber mit den Blättern lebt man monatelang. Doch auch hier geht Probieren über Studieren, und unerwartetes Gelingen kann mehr Freude bereiten als der im voraus geplante, sichere Erfolg.

Allium giganteum *mit* Anemone x hybrida 'Königin Charlotte' *und* Atriplex hortensis var. rubra

Die Kennzeichen dieser im Sommer blühenden Zwiebelgewächse sind kugelförmige Blütenköpfe. Sie bestehen aus zahllosen winzigen, sternförmigen Blüten in verschiedenen rosavioletten Farbtönen. Der Riesenlauch *(Allium giganteum)* gehört, wie der Name schon sagt, zu den größten seiner Gattung. Die schmalen Blätter schimmern grau und neigen sich zur Erde. Frühjahrsfröste vertragen sie nicht. Diese Alliumart braucht einen geschützten, sonnigen Standort und durchlässigen Boden. Schwerer Boden kann durch groben Sand verbessert werden. Die Blätter sollte man nicht abschneiden, sondern auf natürliche Art und Weise absterben lassen, denn damit schöpfen die Zwiebeln Kraft für die nächste Wachstumsperiode. Wenn die Blüten des Zierlauchs am schönsten sind, wird das Blattwerk schon welk und unansehnlich. Daher sollte man ihn so platzieren, dass seine Blütenköpfe auf einem Meer aus geborgtem Blattwerk treiben, so, wie die Gartenmelde und die Anemone es bieten.

Allium giganteum (Riesenlauch)
Höhe *1,5-2 m*
Breite *15 cm*
Blütezeit *Früh- bis Hochsommer*
Vorzüge *Stilvolle, Struktur gebende Silhouette. Kugelförmige violette Blütenstände. Kräftige Stängel.*
Weitere Sorten *A. hollandicum wird 1 m hoch und hat violettrosa Blüten; 'Globemaster' mit seinen riesigen, tiefvioletten Blütenköpfen erreicht eine Höhe von 80 cm.*

Atriplex hortensis var. *rubra* (Rote Gartenmelde)
Die Melde ist eine blattreiche Einjährige. Die Exemplare dieser Sorte werden bis zu 1,2 m hoch und bilden spitze, sattviolette Blätter, die wichtiger sind als die unscheinbaren Blüten. Die Pflanzen können zur Plage werden, da sie sich reichlich aussäen. Glücklicherweise kann man die überzähligen Sämlinge essen. Entweder kocht man sie wie Spinat oder man verwendet sie in sommerlichen Salaten.

Anemone x *hybrida* 'Königin Charlotte' (Herbstanemone)
Herbstanemonen sind zähe, widerstandsfähige Pflanzen, die unter vielen Bedingungen gedeihen. Sie wachsen aufrecht und bilden relativ wenig Blattwerk. Die Sorte 'Königin Charlotte' ist außergewöhnlich wüchsig und wird bis zu 1,5 m hoch. In Spätsommer und Herbst bildet sie große, halb gefüllte, rosa Blüten von 10 cm Durchmesser, die auf der Rückseite rotviolette Flecken tragen.

PFLANZENPORTRÄTS

Allium giganteum

Astrantia major 'Shaggy' *mit* Allium cristophii *und* Galtonia candicans

Wenn man diese Große Sterndolde (*Astrantia major* 'Shaggy') mit auffallenderen, aber vergänglicheren Pflanzen kombiniert, ist sie mindestens sechs Monate im Jahr eine Augenweide. Mitte Herbst sieht sie dann ungut aus, und man schneidet das Blattwerk ab, damit sie für den Neubeginn im Frühjahr Kräfte sammeln kann. Die handförmigen Blätter sind tief eingeschnitten und bilden kräftige, wüchsige Büsche. Schon im Frühsommer zeigen sich die papierartigen Blütenköpfe, die sich viele Wochen lang halten. Die Sterndolde ist der Mittelpunkt dieser Gruppe. Ihre blassen Blüten werden zuerst von den violetten Blütenkugeln des Allium belebt, dessen Blattwerk sie verbergen kann, und dann von den im Spätsommer blühenden Riesenhyazinthen (*Galtonia candicans*), die man nur ihrer reinweißen, duftenden Blüten wegen pflanzt. Die Sterndolde gibt der Gruppe die nötige Masse und Langlebigkeit.

Allium cristophii (Sternkugellauch)

Dieser Zierlauch braucht einen heißen, trockenen Standort mit guter Drainage, dann ist er sowohl in der Blüte als auch danach, wenn die Blütenstände zu einem blassen Strohgelb ausbleichen, eine wahre Pracht. Die einzelnen Blüten haben sechs schmale Blütenblätter, aber normalerweise betrachtet man sie nicht einzeln, sondern sie wirken als Masse in der Blütenkugel, die einen Durchmesser von etwa 18 cm hat.

Astrantia major 'Shaggy' (Große Sterndolde)
Höhe *30-90 cm*
Breite *45 cm*
Blütezeit *Früh- bis Hochsommer*
Vorzüge *Papierartige, grünlich weiße Brakteen, die bei dieser Sorte sehr lang sind, umgeben winzige, grünlich weiße Blüten. Die einzelnen Blütenköpfe sehen wie winzige Blumensträußchen aus.*
Weitere Sorten *'Hadspen Blood' hat dunkelrote Brakteen, die dunkelrote, winzige Blüten umgeben; 'Sunningdale Variegated' hat blassrosa Blüten über hübschen, cremegelb panaschierten Blättern.*

Galtonia candicans (Riesenhyazinthe)

Die Riesenhyazinthe ist am Ostkap Südafrikas heimisch, wo sie im Sommer Regen bekommt und im Winter ruht. Sie ist nicht immer leicht anzusiedeln, doch wenn man die wachsartigen, weißen Blütenglöckchen einmal gesehen hat, scheut man keine Mühe, um es ihr recht zu machen. Man setzt die Zwiebeln im zeitigen Frühjahr mindestens 15 cm tief. Die abgeblühten Stängel werden im Herbst abgeschnitten. Riesenhyazinthen vermehren sich langsam, aber Boden, der gut mit verrottetem Kompost angereichert ist, hilft ihnen.

Astrantia major 'Shaggy' ▷

Campanula latiloba 'Hidcote Amethyst' *mit* Centranthus ruber *und* Alchemilla mollis

Die üblichen Beetglockenblumen wie *Campanula latiloba* und *C. latifolia* kommen mit fast jedem Boden zurecht, allerdings findet man sie in der Natur meist auf alkalischen Böden. Sie tolerieren Schatten, bevorzugen aber, zumindest einen Teil des Tages, Sonne. Es bekommt ihnen gut, wenn man sie alle paar Jahre teilt und in frischen Boden pflanzt. Sie brauchen kaum Dünger – den Kampf ums Überleben sind sie gewöhnt – und sind herrlich widerstandsfähig gegen Ungeziefer und Krankheiten. Die Blautöne der Beetglockenblumen sind zart und verwaschen und passen sehr gut zu rosa oder weißen Spornblumen (*Centranthus*). Mit den hellgrünen Blütenständen des Frauenmantels (*Alchemilla*) zu Füßen ist diese Gruppe ein klassisches Trio für einen sommerlichen Bauerngarten.

Campanula latiloba 'Hidcote Amethyst' (Glockenblume)
Höhe *90 cm*
Breite *45 cm*
Blütezeit *Hoch- bis Spätsommer*
Vorzüge *Blass amethystfarbene Blüten, dunkler schattiert. Kräftige, grundständige Rosetten aus lanzettlichen Blättern.*
Weitere Sorten *C. latiloba 'Percy Piper' hat lavendelblaue Blüten; C. 'Burghaltii' bildet im Hochsommer glockenförmige, graublaue Blüten; C. lactiflora 'Prichard's Variety' wird bis zu 75 cm hoch und hat veilchenblaue Blüten.*

Centranthus ruber (Spornblume)
Diese Pflanze gibt es häufig und sie wildert sich in Mauern und auf wilden Gartenflächen so leicht aus, dass man sie oft übersieht. Aber sie ist unersetzlich, wenn man ein Beet auflockern möchte. Die rundlichen Blütenköpfe sind normalerweise rosa, es gibt aber auch eine schöne weiße Sorte. Die Spornblume wird bis zu 1,2 m hoch und etwa 40–80 cm breit.

Alchemilla mollis (Frauenmantel)
Der Frauenmantel gehört zu den nützlichsten Bodendeckern. Sein einziger Nachteil ist sein großer Drang, sich zu vermehren. Reißen Sie die Sämlinge daher aus oder schneiden Sie die Blütenköpfe schon vor der Aussaat ab. Die Blätter sind flach gelappt und etwas behaart. Typisch ist, dass sich nach Regenfällen in der Mitte Wassertropfen sammeln, die wie kleine runde Perlen wirken.

Campanula latiloba 'Hidcote Amethyst' ▷

Cerinthe major 'Purpurascens' *mit* Hosta 'Lemon Lime' *und* Triteleia laxa

Die Wachsblume *(Cerinthe)*, die ursprünglich aus dem Mittelmeerraum stammt, eroberte die Gartenwelt im Sturm, als die üppige, violett blühende Sorte 'Purpurascens' in verbesserter Form aus Neuseeland eingeführt wurde. Sie ist einjährig und sät sich selbst aus, doch die Sämlinge sind oft frostempfindlich. Die Wachsblume ist an Mittelmeerklima gewöhnt und muss daher in Gegenden, in denen es im Winter gefriert, jedes Jahr neu aus Samen gezogen werden. Wenn die Funkie *(Hosta)* austreibt, gibt sie der Gruppe mit ihren Blättern Substanz und bietet später über lange Zeit malvenfarbene Blüten, die zu der Wachsblume gut passen. Im Winter ist von dieser Gruppe allerdings nichts zu sehen. Das spielt jedoch keine große Rolle, wenn man einen Busch *Euphorbia amygdaloides* var. *robbiae* oder eine andere immergrüne Pflanze in die Nähe setzt, um von der Lücke abzulenken. Der Frühlingsstern *(Triteleia)* ist im Frühsommer ein bezaubernder Blickfang.

Cerinthe major **'Purpurascens' (Wachsblume)**
Höhe *60 cm*
Breite *30 cm*
Blütezeit *Früh- bis Spätsommer*
Vorzüge *Fleischiges, leicht bereiftes Blattwerk. Nickende, exotische Blütenköpfe, die manchmal stahlgrau, ultramarin, malvenrosa oder violett wirken.*
Weitere Sorten *Die Art hat blass graugrüne Blätter mit weißer Zeichnung und bläuliche Brakteen, die die röhrenförmigen gelben Blüten umschließen.*

Triteleia laxa (Frühlingsstern)
Stellen Sie sich einen Agapanthus vor, der in der Wäsche eingelaufen ist, dann haben Sie ein ungefähres Bild von dieser Pflanze. Im Frühsommer bilden sich an bis zu 60 cm hohen Stängeln lockere Büschel aus röhrenförmigen blauen Blüten. Da die Pflanze aus Kalifornien stammt, liebt sie warme, sonnige Standorte. Man setzt die Knollen im Herbst etwa 8 cm tief.

Hosta 'Lemon Lime' (Funkie)
Das einzige Problem mit Funkien ist, dass die Schnecken sie genauso gern mögen wie wir Gärtner. Möglicherweise muss man die Blütenstände schützen, wenn sie aus dem Boden sprießen. Es gibt Hunderte von Sorten. Diese Funkie hat zarte, bis zu nur 8 cm lange Blätter, die an den Spitzen gelb sind und zu den Stängeln hin limonengrün werden. Im Sommer bildet sie eine Reihe von violetten, weiß gestreiften Blüten an 30 cm hohen Stängeln.

HOCHSOMMER • PFLANZENPORTRÄTS

Crocosmia 'Lucifer' *mit* Hemerocallis 'Stafford' *und* Tropaeolum majus 'Empress of India'

Die Blätter von Montbretien *(Crocosmia)* sind fast so schön wie Irisblätter, auch wenn sie nicht ganz so steif und aufrecht stehen und ihr Grün klarer und weniger auffällig ist, da sie nicht bereift sind. Dafür sind Montbretienblätter über ihre ganze Länge in Falten gelegt. Diese Rippen bilden das Gerüst der Pflanze. Schon im Frühjahr sind die Blätter so weit, dass sie zwischen Camassien und Brunnerabüschen schöne Akzente setzen. Die Montbretie bildet leuchtend purpurrote Blütenähren, während die gleichzeitig erscheinenden Blüten der Taglilie *(Hemerocallis)* eher ein sattes Ziegelrot aufweisen. Die Blütezeit der Kapuzinerkresse *(Tropaeolum)* ist länger, sie erfreut das Auge bis in den Herbst hinein mit ihrer herrlichen Blütenfülle. Hungrige Gärtner sollten wissen, dass man die Knospen der Taglilie essen kann. Das gilt auch für die Blätter und Blüten der Kapuzinerkresse.

Crocosmia 'Lucifer' (Montbretie)
Höhe *1-1,2 m*
Breite *75 cm*
Blütezeit *Hoch- bis Spätsommer*
Vorzüge *Robust; leuchtend rote Blüten, größer und auffälliger als die der alten Sorten; hübsch gefaltete Blätter*
Weitere Sorten *C. x crocosmiiflora 'Solfatare' hat bronzegrüne Blätter und apricot farbene Blüten; 'Gerbe d'Or' bildet klar zitronengelbe Blüten; C. masoniorum hat mittelgrüne Blätter und orangerote Blüten.*

Hemerocallis 'Stafford' (Taglilie)
Taglilien sind unverwüstlich. Man pflanzt sie wegen ihrer trompetenförmigen Blüten, doch die leuchtend grünen Blätter, die schon früh im Jahr sprießen, geben auch einen guten Hintergrund für Frühlingsblumen ab. Gelbe Taglilien duften am stärksten, ein guter Grund, diese Farbe zu wählen. In dieser Gruppe aber ist eine frühere Blütezeit gefragt, und 'Stafford' hat schöne scharlachrote Blüten mit gelber Mitte.

Tropaeolum majus 'Empress of India' (Kapuzinerkresse)
'Empress of India' wächst buschig und klettert nicht. Die Blätter sind dunkel blaugrün – für die tief blutroten, üppigen, samtigen Blüten könnte es keinen besseren Hintergrund geben. Diese Kapuzinerkresse ist die prächtigste Kressart.

PFLANZENPORTRÄTS

Crocosmia 'Lucifer'

HOCHSOMMER • PFLANZENPORTRÄTS

Delphinium grandiflorum 'Blue Butterfly' *mit* Cosmos bipinnatus 'Sonata White' *und* Lupinus 'Thundercloud'

Die großen Pacific-Hybriden des Rittersporns *(Delphinium)*, deren Ähren bis zu 2m hoch werden, lassen sich im Garten gar nicht so einfach einsetzen. Sie sind kopflastig, daher muss man sie gut stützen. Für gemischte Gruppen eignen sich die eher lockeren, luftigen Belladonna-Hybriden oder auch *Delphinium grandiflorum*, eine kurzlebige Staude. Die klaren, reinen Blautöne des Rittersporns sind unvergleichlich. Wenn man ihn mit weißen Kosmeen und violetten Lupinen kombiniert, ist die Wirkung kühl und zurückhaltend, und wenn man die weißen Kosmeen gegen rosafarbene austauscht, erhält man einen wärmeren Effekt. Alle drei Pflanzen blühen gleichzeitig; vor und nach der Blütezeit ist hier nicht viel zu sehen. Das Frühjahrsloch kann man ausfüllen, indem man um die sprießenden Blätter der Lupine herum zart duftende Jonquillen oder andere frühjahrsblühende Zwiebelpflanzen setzt.

Delphinium grandiflorum 'Blue Butterfly' (Rittersporn)
Höhe *50 cm*
Breite *30 cm*
Blütezeit *Früh- bis Hochsommer*
Vorzüge *Lockerer Wuchs mit leuchtend blauen Blüten. Farnartige Blätter. Wirken natürlicher als die riesigen Ähren anderer Rittersporne*
Weitere Sorten *D. grandiflorum 'White Butterfly' ist ähnlich locker im Wuchs, hat aber weiße Blüten. Die Belladonna-Hybriden, mit Sorten wie 'Cliveden Beauty' sind auch locker, aber viel höher.*

Cosmos bipinnatus **'Sonata White' (Kosmee, Schmuckkörbchen)**
Diese Einjährige wirkt mit ihrem zart geschnittenen Blattwerk und den tellerförmigen Blüten wie eine Staude. Die Sonata-Serie ist niedrig und wird hier empfohlen, weil sie in der Höhe zu dem ebenfalls eher niedrigen Rittersporn passt. Mit einem höheren Rittersporn, vielleicht aus der Belladonna-Gruppe, könnte man auch eine größere Kosmee kombinieren, etwa aus der Sensation-Serie, die bis zu 90 cm hoch wird.

Lupinus **'Thundercloud' (Lupine)**
Das Blattwerk der Lupinen mit den Quirlen aus Blättchen, die rings um die Stängel stehen, ist so schön wie ihre Blüten. Ihre große Zeit waren die fünfziger Jahre, als Lupinen des Züchters George Russell aus York auf vielen Beeten zu sehen waren. Wenn die Haupttraube im Hochsommer verblüht ist, blühen die Seitentriebe noch mehrere Wochen weiter.

PFLANZENPORTRÄTS

Delphinium grandiflorum 'Blue Butterfly'

Dianthus 'Dad's Favourite' *mit* Lagurus ovatus *und* Aquilegia 'Hensol Harebell'

In dieser Gruppe ist nur die Nelke *(Dianthus)* zwölf Monate im Jahr zu sehen. Ihr Blätterteppich leidet im Winter zwar etwas unter dem Wetter, aber im Frühjahr treiben die Pflanzen zusammen mit den Akeleien *(Aquilegia)* neu aus. Das blasse Graugrün des Blattwerks ist anfangs die beherrschende Farbe dieser Gruppe, bis die Nelke im Frühsommer ihre violettweißen Blüten ausbildet. Es handelt sich um eine alte Gartennelke, die schleifenförmig berandet ist, denn die Farbe in der Mitte, hier Violett, zieht sich schleifenförmig um den Rand der einzelnen Blütenblätter herum. Die gesamte Gruppe blüht im Hochsommer, doch wenn man die Nelken ausputzt, bilden sie später noch Blüten. Die Akelei sollte man abschneiden, wenn sie ausgeblüht hat. Sie treibt dann neue Blätter, die den Raum zwischen dem Hasenschwanzgras *(Lagurus)* füllen. Dieses Gras ist zwar einjährig, aber mit seinen flauschigen Samenständen ist es auch im Herbst ein faszinierender Blickfang.

Dianthus 'Dad's Favourite' (Nelke)
Höhe *10 cm*
Breite *20 cm*
Blütezeit *Früh- bis Hochsommer*
Vorzüge *Teppiche aus grauem Blattwerk, gekrönt von violett umrandeten Blüten.*
Weitere Sorten *'Hidcote' hat prächtige, tiefrote, gefüllte Blüten; D. alpinus 'Joan's Blood' hat dunkelgrüne Blätter und einzelne, magentarote Blüten; 'Little Jock', eine Gebirgsnelke, hat stark duftende, blassrosa Blüten mit gefransten Blütenblättern.*

Lagurus ovatus (Hasenschwanzgras)

In der Natur wächst dieses hübsche Gras in Spanien und anderen Mittelmeerländern im Sandboden und blüht von Frühjahr bis Frühsommer. In kühleren Gegenden blüht es nach der Aussaat im Frühjahr später. Die Stängel erreichen bis zu 50 cm Höhe und tragen rundliche, weich behaarte Köpfchen. Sie sind schön für Trockensträuße; man pflückt sie am besten, bevor die Samen ausgereift sind.

Aquilegia 'Hensol Harebell' (Akelei)

Das graugrüne, leicht bereifte Blattwerk ist schön und belebt den Standort vom zeitigen Frühjahr an. Langspornige Akeleien sind etwas schwieriger zu ziehen als die kurzspornigen Sorten. Diese kurzspornige Akelei hat herrliche, zartblaue Blüten an bis zu 75 cm hohen Stängeln. Sie wurde um 1900 von Mrs. Kennedy in Mossdale, Castle Douglas, in Schottland gezüchtet.

Digitalis purpurea Excelsior-Gruppe *mit* Ferula communis *und* Matteuccia struthiopteris

Der Fingerhut *(Digitalis)* ist normalerweise zweijährig. Im ersten Jahr bildet er eine kräftige Blattrosette, im zweiten den Blütentrieb. Die Pflanzen säen sich reichlich selbst aus. Als Gärtner sollte man diese Fruchtbarkeit begrüßen, denn Fingerhüte wissen oft am besten, wo sie gut aussehen, und kennen ihre Ansprüche an Boden und Standort. Doch Sämlinge können auch die Akzente im Garten verändern. Vielleicht hat man den Fingerhut in einer schattigen Ecke ausgesät und Farn *(Matteuccia)* und Riesenfenchel *(Ferula)* als Gesellschaft vorgesehen. Doch im nächsten Jahr tauchen die Sämlinge plötzlich irgendwo anders zwischen Wiesenraute und Funkien auf, wirken dort allerdings genauso gut wie an dem Standort, den man ihnen ursprünglich zugedacht hatte. Wenn Sorten wie 'Sutton's Apricot' sich selbst aussäen, schlägt nach und nach die rote Wildform wieder durch. Dann ist es Zeit, die Sorten neu auszusäen. Pflanzen mit hellen Blüten haben, anders als die rotblütigen, keine dunklen Flecken auf Stängeln oder Blättern.

Digitalis purpurea Excelsior-Gruppe (Fingerhut)
Höhe *1-2 m*
Breite *60 cm*
Blütezeit *Frühsommer*
Vorzüge *Hohe, elegante Blütenstände, hervorragend im Halbschatten. Pflanzen der Excelsior-Gruppe tragen die Blüten nach außen gewendet, so dass man ihr geflecktes Inneres sehen kann.*
Weitere Sorten *D. purpurea f. albiflora ist die weißblütige Form des gewöhnlichen Fingerhutes; 'Sutton's Apricot' hat aprikosenrosa Blüten.*

Ferula communis (Riesenfenchel)
Diese Pflanze hat mit dem essbaren Fenchel (Foeniculum vulgare) nur den deutschen Namen gemeinsam. Man verwendet sie vor allem als Blattpflanze, denn der Blütenstand ist zwar beeindruckend hoch – bis zu 5 m –, aber nach der Blüte stirbt die Pflanze normalerweise ab. Während der Riesenfenchel sich auf diesen letzten Akt vorbereitet, bildet er mehrere Jahre lang schon im frühen Frühjahr üppiges frisches Blattwerk in leuchtendem Grün, das herrlich dicht und fedrig ist.

Matteuccia struthiopteris (Straußfarn)
Diese Farne sprießen im Frühjahr und werden zu eleganten, vasenförmigen Pflanzen, aufrecht und leuchtend hellgrün, bis die Herbstfröste die Wedel gelb färben. Sie sind nicht schwer zu kultivieren, wenn man ihnen einen feuchten Standort ohne Staunässe bieten kann, am besten im Halbschatten unter Bäumen. Am schönsten sind die Farne, wenn die jungen Wedel sich gerade entrollen. Sie sehen dann wie Bischofsstäbe aus.

Digitalis purpurea Excelsior-Gruppe ▷

HOCHSOMMER • PFLANZENPORTRÄTS

Eryngium giganteum *mit* Pelargonium 'Lady Plymouth' *und* Echeveria elegans

Dieses Trio braucht einen heißen, sonnigen, trockenen Standort. Alle drei wirken ausgebleicht, so als seien sie an das Leben in der Wüste gewöhnt. Man pflanzt die Gruppe vor allem wegen ihrer Blattformen und -kontraste. Die Elfenbeindistel (*Eryngium giganteum*) wird die Hauptrolle spielen, ist aber zweijährig – daher sollte man einige Jungpflanzen in Reserve haben. Doch sie sät sich auch kräftig selbst aus, so dass die Pflanzung sich nach einer Weile von selbst erneuert. Die Blütenstände lassen sich gut trocknen, halten sich aber sogar im Herbst und im frühen Winter noch im Garten, bis die Vögel die kuppelförmigen Samenstände schließlich zerpicken. Duftpelargonie und Echeverie sind Gewächshauspflanzen und dürfen erst ins Freie, wenn jegliche Frostgefahr vorüber ist, im gemäßigten Klima also im späten Frühjahr. Sie sind also kurzlebig, lassen aber viel Raum für Veränderung und Erneuerung. Statt mit *Echeveria* kann man es auch mit *Aeonium* versuchen, oder man nimmt das kräftigere *Pelargonium* 'Chocolate Peppermint', dessen dicke, behaarte Blätter nach Pfefferminze duften.

Eryngium giganteum (Elfenbeindistel)
Höhe *90 cm*
Breite *30 cm*
Blütezeit *Hoch- bis Spätsommer*
Vorzüge *Dornig und steif; gibt einer Pflanzengruppe Struktur. Stahlblaue Brakteen umgeben kuppelförmige Blüten. Hält sich lange.*
Weitere Sorten *E. alpinum hat fein geschnittene, blaue Brakteen; E. x oliverianum hat dünne, bläulich silbrige Brakteen; E. x tripartitum hat einen lockeren, verzweigten Wuchs und schöne runde Blütenköpfe mit unscheinbaren Brakteen.*

Pelargonium 'Lady Plymouth'
Duftpelargonien wie diese zieht man eher der Blätter als der Blüten wegen. 'Lady Plymouth' hat schön geschnittene Blätter mit silbernem Rand. Bei Berührung verströmen sie einen starken Eukalyptusgeruch. Die Pflanze wird 30-40 cm hoch und bildet von Hoch- bis Spätsommer unscheinbare, lavendelrosa Blüten. Sie ist nicht frosthart und kann daher in unseren Breiten im Winter nicht im Freien bleiben.

Echeveria elegans (Echeverie)
Diese Sukkulenten sehen aus wie aus Wachs modelliert. Die Blätter bilden eine symmetrische Rosette, die sich mit dem Alter allmählich vergrößert. Nach einem langsamen Start werden die Pflanzen dann gegen Ende des Sommers erstaunlich schnell dick und rund. Sie sind nicht frosthart, bilden aber ungewöhnliche Elemente in einer Pflanzung.

PFLANZENPORTRÄTS

Eryngium giganteum

155

Eschscholzia californica *mit* Salvia sclarea var. sclarea *und* Calendula officinalis 'Art Shades'

Wenn man schnell einen Blickfang haben möchte, sind Einjährige wie der Goldmohn *(Eschscholzia)* und die Ringelblume *(Calendula)* kaum zu übertreffen. Man streut einfach die Samen aus und wartet. Nur auf sehr klebrigen, klumpigen Böden haben sie Probleme mit dem Keimen. Wer also mit dem Gärtnern anfängt oder eine Idee für eine heiße, trockene Stelle sucht oder wer keine dauerhaften Pflanzungen anlegen möchte, ist mit diesen Sommerblumen gut beraten. In dieser Zusammenstellung heben sich die leuchtenden Orange- und Gelbtöne der Einjährigen von dem feierlicheren Graugrün des Muskatellersalbeis *(Salvia sclarea)* ab. Wenn die Farbgebung raffinierter sein soll, verwendet man einen Kalifornischen Goldmohn wie 'Thai Silk', der cremegelb und rosa blüht. 'Rose Chiffon' hat krause, gefüllte, tiefrosa Blüten mit gelber Mitte und ist noch eleganter. Den Salbei sollte man zuerst pflanzen, damit man die Samen der Sommerblumen später nicht stört.

Eschscholzia californica (Kalifornischer Goldmohn)
Höhe *20-25 cm*
Breite *15 cm*
Blütezeit *Hoch- bis Spätsommer.*
Vorzüge *Feines, blaugrünes Blattwerk. Wenn die mützenähnlichen Knospenhüllen abgefallen sind, öffnen sich seidige Blüten in herrlichen Rot-, Rosa- und Gelbtönen.*
Weitere Sorten *'Ballerina' hat flötenförmige, halb gefüllte Blüten; 'Cherry Ripe' ist ungefüllt rot; 'Alba' blüht cremeweiß; 'Apricot Flambeau' hat gefüllte, aprikosenfarbene Blüten.*

Salvia sclarea var. *sclarea* (Muskatellersalbei)
Diese Salbeiart wächst als Zweijährige oder als Staude. Sie bildet graugrüne Rosetten mit bis zu 23 cm langen, gesägten, runzeligen Blättern. Im Frühsommer des zweiten Jahres sprießen rosagrüne, stark verzweigte Stängel mit papierartigen, behelmten, weißrosa Blüten. Sie duften stark und bilden einen guten Puffer zwischen Pflanzen mit farbigeren Blüten.

Calendula officinalis 'Art Shades' (Ringelblume)
Der lateinische Name der Ringelblume ist von dem Wort 'calendae' abgeleitet, das den ersten Tag des Monats bezeichnet. Er ist ein Tribut an die lange Blütezeit dieser häufigen Bauerngartenblume. Die Mischung 'Art Shades' bildet Blüten in Apricot, Orange und Cremegelb – alle mit zartbrauner Mitte. Am besten blühen sie in voller Sonne, und regelmäßiges Ausputzen verlängert die Blütezeit. Man sät die Samen an Ort und Stelle und bedeckt sie leicht mit Erde. Die Sämlinge werden ausgedünnt.

Geranium psilostemon *mit* Fritillaria meleagris *und* Pulmonaria 'Lewis Palmer'

Storchschnabel *(Geranium)* und Lungenkraut *(Pulmonaria)* sind beide ausgezeichnete Bodendecker. Dieser Begriff wird manchmal fast verzweifelt verwendet, als wären Boden deckende Pflanzen der letzte Ausweg, so, wie Linoleum im Badezimmer. Doch klug eingesetzt gehören sie zu den interessantesten Gewächsen im Garten. Sie sind nicht nur nützlich, sondern man kann auch Gruppen mit verschiedenen Farben und Strukturen kombinieren, so dass sich je nach Jahreszeit unterschiedliche Wirkungen ergeben. Wenn das Lungenkraut im Frühjahr in voller Blüte steht, beginnen die Knospen des Storchschnabels gerade erst, Farbe zu zeigen. Im Hochsommer jedoch besteht das Lungenkraut nur noch aus Blattwerk, während der Storchschnabel von Blüten übersät ist. Zwischen Lungenkraut und Storchschnabel kann man Schachbrettblumen *(Fritillaria meleagris)* setzen, nicht fünf oder zehn Stück pro Fleck, sondern 20 oder 30. Sie gehören zu den großen Freuden des Frühlings.

Geranium psilostemon (Storchschnabel)
Höhe *60-120 cm*
Breite *60 cm*
Blütezeit *Früh- bis Spätsommer*
Vorzüge *Reichlich Boden deckendes Blattwerk, guter Hintergrund für andere Pflanzen. Hohe Stängel mit magentaroten, lange haltbaren Blüten.*
Weitere Sorten *'Ann Folkard', eine kletternde Sorte, hat ähnliche Blüten; das viel kleinere G. cinereum 'Ballerina' mit seinen violettroten Blüten ist nützlich, wenn man nicht viel Platz hat.*

Fritillaria meleagris (Schachbrettblume)
Schachbrettblumen sind in der Natur zwar selten geworden, siedeln sich im Garten aber problemlos an. Sie lassen sich jedoch nicht drängen, sondern wir müssen abwarten, ob sie uns mögen. Wenn das der Fall ist, blühen sie im mittleren Frühjahr. Die Blüten sind violett und weiß kariert, einige sind auch weiß mit grünlicher Färbung. Die dünnen Blätter sind grasartig, und die ganze Pflanze strahlt eine fragile Melancholie aus, die sehr berührt.

Pulmonaria 'Lewis Palmer' (Lungenkraut)
Im zeitigen Frühjahr konzentriert sich das Lungenkraut vor allem auf die Bildung von Blüten, die bei Sorten wie 'Lewis Palmer' von Rosa zu Mittelblau übergehen. Später wenden die Pflanzen sich ganz der Produktion ihrer großen, behaarten, silbrig gefleckten Blätter zu, was sie im Sommer zu guten Bodendeckern macht. Panaschiertes Lungenkraut ist in dieser Hinsicht viel besser geeignet als Sorten wie 'Munstead Blue' mit seinen groben, einfarbig grünen Blättern.

PFLANZENPORTRÄTS

Geranium psilostemon

HOCHSOMMER • PFLANZENPORTRÄTS

Helenium 'Moerheim Beauty' *mit* Euphorbia griffithii 'Dixter' *und* Coreopsis tinctoria

Auf leuchtend gelbe, sternförmige Blüten möchte man im spätsommerlichen Garten ungern verzichten. Sie sind auch beliebte Elemente im neuen Stil der 'Präriepflanzung': Man bepflanzt große Flächen mit ineinander übergehenden Staudengruppen und lässt diese wachsen, wobei man das gärtnerische Eingreifen auf ein Minimum beschränkt. Dieser Stil hat seinen Ursprung in öffentlichen Parks – um die volle Wirkung zu erzielen, braucht man viel Platz. Präriepflanzen aus Nordamerika wie Sonnenbraut *(Helenium)* und Mädchenauge *(Coreopsis)* sind für solche Anlagen ideal. Der innere Kreis der *Coreopsis*-Blüte passt in der Farbe zum satten Braunrot von 'Moerheim Beauty'. Die Wolfsmilch *(Euphorbia)* blüht schon im späten Frühjahr und im Frühsommer, im Spätsommer leistet ihr ziegelrotes Blattwerk einen schönen Beitrag zu den sonnenwarmen Farbtönen der Blumen.

Helenium 'Moerheim Beauty' (Sonnenbraut)
Höhe *90 cm*
Breite *60 cm*
Blütezeit *Früh- bis Spätsommer.*
Vorzüge *Kupferrote, zurückgebogene Blütenblätter umgeben den dunklen Kegel in der Mitte. Kräftiger Wuchs.*
Weitere Sorten *'Baudirektor Linne' ist höher und hat samtig braunrote Blüten; 'Bruno' wächst aufrecht und hat braunrote Blüten mit dunkler Mitte; 'Septemberfuchs' blüht später und hat bräunliche Blüten mit gelben Streifen.*

Euphorbia griffithii 'Dixter' (Wolfsmilch)
Der große Gärtner Christopher Lloyd wählte das erste Exemplar dieser Sorte aus einer Gruppe von Sämlingen aus, die in einer Gärtnerei in Sussex wuchsen. Das Blattwerk ist rötlich und liefert den passenden warmen Hintergrund für die ziegelroten Blüten. 'Fireglow' hat ebenfalls orangerote Blüten, aber grüne Blätter.

Coreopsis tinctoria (Mädchenauge)
Dieses einjährige Mädchenauge stammt aus Nordamerika. Es bildet gelbe, margeritenartige Blüten; die Blütenblätter sind an der Basis bräunlich rot gefleckt. Die Kreise in der Mitte sind noch dunkler. Die Blüten stehen auf steifen, verzweigten, bis etwa 1,2 m hohen Stängeln, die normalerweise keine Stützen brauchen.

Helenium 'Moerheim Beauty' ▷

HOCHSOMMER • PFLANZENPORTRÄTS

Hemerocallis citrina *mit* Nicotiana sylvestris *und* Lupinus 'Polar Princess'

Hobbygärtner, deren Arbeitsplatz weit von ihrem Zuhause entfernt ist, sehen normalerweise abends mehr von ihrem Garten als tagsüber. Hier ist ein geeignetes Trio für sie: Sowohl diese Taglilienart (*Hemerocallis citrina*) als auch der Ziertabak (*Nicotiana*) haben abends ihre beste Zeit und duften dann am intensivsten. Eine weitere Stärke dieser Gruppe ist nämlich ihr Duft; der Tabak hat den kräftigsten und die Lupine den zartesten. Die Blütezeit der Taglilie beginnt zwar erst im Hochsommer, aber ihr helles, üppiges Blattwerk belebt den Garten schon vom frühen Frühjahr an. Auch die Lupine hat hervorragende Blätter, deren Grün ist aber dunkler und ernster, und sie sind vollkommen anders geformt. Lupine und Taglilie blühen zur gleichen Zeit, während der schöne *Nicotiana sylvestris* eine spätere Blütezeit hat.

Hemerocallis citrina (Taglilie)
Höhe *1,2 m*
Breite *75 m*
Blütezeit *Hochsommer*
Vorzüge *Helles, frisches Blattwerk, das sehr früh sprießt. Duftende, grünlich gelbe Blüten, die sich abends öffnen und über dem Blattwerk stehen.*
Weitere Sorten *'Cartwheels' hat gelbgoldene Blüten; 'Corky' wird nur 70 cm hoch und hat gelbe, rückseitig dunklere Blüten; die rotbraunen Knospen von 'Golden Chimes' öffnen sich zu goldgelben Blüten; 'Green Flutter' hat krause, gelbe Blütenblätter und einen grünen Schlund.*

Nicotiana sylvestris (Ziertabak)
In nährstoffreichem, durchlässigem Boden lassen diese Pflanzen sich problemlos ziehen. Sie duften herrlich, vor allem abends. Am besten zieht man sie aus Samen, wie die Tabakpflanzen für Beete, doch diese Art kann sich zu kurzlebigen Stauden entwickeln, die ausgewachsen bis zu 1,5 m hoch werden. Oben an den Stängeln bilden sie trompetenförmige Blüten.

Lupinus 'Polar Princess' (Lupine)
Die meisten Gartenlupinen stammen von der blaublütigen amerikanischen Art Lupinus polyphyllus ab. Der erste Erfolg war eine erdbeerrote Lupine; inzwischen hat man blassgelbe, orangegelbe, malvenrosa und auch zweifarbige Sorten gezüchtet. 'Polar Princess' ist reinweiß und bildet in Früh- und Hochsommer bis zu 90 cm hohe Blütenstände.

162

Hemerocallis citrina ▷

HOCHSOMMER • PFLANZENPORTRÄTS

Hosta 'Krossa Regal' *mit* Primula florindae *und* Polygonatum falcatum 'Variegatum'

Alle drei Pflanzen mögen kühlen, feuchten Boden und haben kein Bedürfnis nach Sonne. Die Blätter der Funkie *(Hosta)* und des Salomonssiegels *(Polygonatum)* werden am schönsten, wenn der Boden zudem noch humusreich ist. Wenn wir dem Trio diese Bedingungen bieten, lockt es uns vielleicht öfter an als alle anderen Pflanzen im Garten. Es ist eine kühle Kombination, denn selbst das Gelb der Schlüsselblume *(Primula)* ist eher frostig und wird durch den weißen Reif auf den Blüten gedämpft. Die Funkie 'Krossa Regal' gehört zu den besten Sorten in dieser großen Gattung, denn ihre Blätter sind nicht zu groß, stehen gut über dem Boden und bilden auf kräftigen Stängeln zinnfarbene Vasen. Von ihren stabilen Blättern hebt sich das zartere, mit winzigen Blütenglöckchen besetzte Salomonssiegel ab. Achten Sie auf die raupenähnlichen Larven der Blattwespe, die das Salomonssiegel im Frühsommer zu einem Gerippe abfressen können.

Hosta 'Krossa Regal' (Funkie)
Höhe *70 cm*
Breite *75 cm*
Blütezeit *Sommer*
Vorzüge *Große, bereifte, bläulich grüne Blätter auf langen Stängeln. Blütenstände mit blasslila Blüten.*
Weitere Sorten *'Blue Angel' hat größere Blätter und weiße Blüten; die Blätter von 'Frances Williams' sind zweifarbig, blaugrün, mit gelbgrünem Rand. Um Gelb hervorzuheben, pflanzt man goldblättrige Sorten wie 'Wind River Gold' oder 'Zounds'.*

Primula florindae (Schlüsselblume)
Diese Schlüsselblume gehört zu den spätesten Primeln, denn erst im Sommer bildet sie nickende Köpfe aus zitronengelben Blüten, manchmal bis zu 40 an einem Stängel. Ihr Duft ist köstlich. Die Blütenblätter sind mit weißem Reif überpudert. Mit ihren großen Blätterbüscheln kann die Schlüsselblume einjährige Unkräuter unterdrücken. Sie ist in Tibet zu Hause, wo sie in Sumpfgebieten und an Bachufern wächst.

Polygonatum falcatum 'Variegatum' (Panaschiertes Salomonssiegel)
Diese anspruchslose Waldpflanze gedeiht ohne Sonne. Sie hat eine elegante Wuchsform. Im mittleren Frühjahr sprießen die Triebe aus dem Boden, und im Spätfrühjahr tragen die Stängel cremeweiße Blüten. Bei dieser Sorte haben die Blätter einen schmalen weißen Rand. In kühlem, humusreichem Boden vermehren sich Salomonssiegel rasch durch unterirdische Rhizome.

Hosta 'Krossa Regal'

HOCHSOMMER • PFLANZENPORTRÄTS

Lilium regale *mit* Salvia patens 'Cambridge Blue' *und* Nicotiana x sanderae

Da Lilien Störungen übel nehmen, lohnt es sich, ihnen ein geeignetes Zuhause zu schaffen, bevor man sie pflanzt. Reichlich Humus zusammen mit einer sehr guten Drainage führt zu den schönsten Ergebnissen. Die Königslilie *(Lilium regale)* gehört zu den bekanntesten Lilien, denn verglichen mit anderen weißen Arten wie der Madonnenlilie *(L. candidum)* oder den aus Japan stammenden Goldbandlilien *(L. auratum)* ist sie relativ anpassungsfähig. Man pflanzt die mit Schuppen besetzten Zwiebeln entweder im Herbst oder im Frühjahr in groben Sand und umgibt sie auch damit, wenn man sie zudeckt. Jedes Frühjahr mulcht man sie mit Blattmulch oder sehr gut verrottetem Kompost. Unterirdische Schnecken sind die schlimmsten Feinde der Lilie. Am besten pflanzt man diese Gruppe neben einen Sitzplatz im Garten, damit man abends in ihrem Duft baden kann, denn die Mischung aus Lilien- und Tabakblütenduft *(Nicotiana)* ist berauschender als Wein.

Lilium regale (Königslilie)
Höhe *90 cm*
Breite *30 cm*
Blütezeit *Hochsommer*
Vorzüge *Duftende, weiße Trompeten, auf der Rückseite violettbraun überlaufen. Leicht zu ziehen, außer in sehr alkalischen Böden.*
Weitere Sorten *Einen rosa Grundton bekommt die Gruppe mit einer Lilie wie 'Barbara North' mit ihren duftenden, turbanförmigen Blüten; die weiße Madonnenlilie (L. candidum) ist schön, aber schwieriger zu kultivieren als L. regale.*

Nicotiana x sanderae (Ziertabak)
Diese Pflanzengruppe erhielt ihren Namen nach Jan Nicot, einem Botschafter, der im 16. Jahrhundert in Frankreich den Tabak einführte. 'Fragrant Cloud' ist eine sehr wüchsige, bis zu 90 cm hohe Sorte mit herrlich duftenden Blüten. 'Sensation Mixed' ist ebenso hoch und wohlriechend, hat aber Blüten in verschiedenen Farben. Am schönsten duften weiße oder grüne Blüten. Der Duft ist abends viel stärker als tagsüber.

Salvia patens 'Cambridge Blue'
Wenn sie nicht erfriert, bildet diese Salvie mit der Zeit eine fleischige Knolle unter der Erde, ähnlich wie eine Dahlie. Das Blattwerk ist mittelgrün und die Blüten dieser Sorte sind blass himmelblau, während die Art in einem intensiven Blau blüht. Wie die meisten Salvien hat auch diese Sorte im Verhältnis zu den Blüten mehr Blätter, als man sich eigentlich wünschen würde.

Lilium regale

HOCHSOMMER • PFLANZENPORTRÄTS

Nepeta 'Six Hills Giant' *mit* Zinnia Allsorts *und* Nicotiana langsdorffii

Es gibt keine bessere Art, einen Sommergarten in Schwung zu bringen, als Einjährige zu pflanzen, die gerade dann in voller Blüte stehen, wenn frühere Sommerblüher schon welk und unansehnlich werden. In dieser Gruppe gibt es zwei Einjährige, die eine ist zurückhaltend, die andere bunt und extrovertiert. Zinnien kommen zwar aus Mexiko, geben sich aber auch mit kühleren, feuchteren Klimata zufrieden, entwickeln dann jedoch mehr Blätter. Die Katzenminze *(Nepeta)* gibt der Gruppe Masse und liefert einen ruhigen, anspruchslosen Hintergrund, vor dem die Einjährigen ihr Feuerwerk entzünden können. Nach der ersten Blüte kann man die Katzenminze stark zurückschneiden, um sie zu einer zweiten Blüte anzuregen, in kälteren Gegenden aber lässt man die verdorrten Stängel als Schutz gegen die Winterkälte stehen. Alle drei Pflanzen bevorzugen volle Sonne und durchlässigen Boden. Wenn das Trio eher zurückhaltend wirken soll, verwendet

Nepeta 'Six Hills Giant' (Katzenminze)
Höhe *90 cm*
Breite *60 cm*
Blütezeit *Sommer*
Vorzüge *Eine sehr wüchsige Katzenminze, die viele kleine, matt graugrüne, duftende Blätter produziert. Vor diesem sanften Hintergrund bilden sich im Sommer über lange Zeit graublaue Blütenstände.*
Weitere Sorten *N. sibirica 'Souvenir d'André Chaudron' ist niedriger, die einzelnen Blüten sind aber ungewöhnlich groß.*

Zinnia Allsorts
Normalerweise wirken solche Mischungen im Garten eher unbefriedigend. Bei dieser Zinnienmischung jedoch ist das anders. Sie enthält eine breite Palette von Sorten – und jede einzelne ist ein Wunder. Manche Blüten sind ungefüllt und haben ausgefallene Farbkombinationen wie Pink mit Orange, andere sind dicht gefüllt. Rosa, Rot, Orange und Gelb sind die vorherrschenden Farben, es gibt aber auch ein überraschendes Blassgrün.

Nicotiana langsdorffii **(Ziertabak)**
Diese Pflanze ist in Brasilien zu Hause. Sie bildet klebrige Stängel, die oft mehr als 1 m hoch werden. Die kleinen Blüten auf den weit verzweigten Stängeln sind reizvoll angeordnet. Sie haben lange, dünne Röhren, die sich zu einer runden Glockenform öffnen. Diese Einjährige ist zurückhaltend, aber faszinierend. Auffälliger ist die Sorte 'Lime Green'.

HOCHSOMMER • PFLANZENPORTRÄTS

Nigella damascena 'Miss Jekyll' *mit* Stachys byzantina *und* Viola 'Belmont Blue'

Die Jungfer im Grünen (Nigella) wurde vor über 400 Jahren aus Damaskus eingeführt und ist seitdem in Bauerngärten beliebt. Wenn die Blütezeit zu Ende geht, sind die dicken Samenkapseln ein hübscher Anblick. Am besten siedelt man die beiden niedrigen Stauden dieser Gruppe, den Wollziest (Stachys) und das Veilchen (Viola) an, bevor man die einjährige Jungfer im Grünen aussät. In der Mitte des Frühjahrs bereitet man zwischen den anderen Pflanzen sorgfältig ein Saatbeet, sät die Samen in Maßen aus und bestreut sie mit etwas Erde. Falls nötig, dünnt man die Samen nach dem Keimen aus, damit sie sich gut entwickeln können. In entsprechendem Boden säen die Pflanzen sich selbst aus. Sollten sie das nicht tun, kann man die Gelegenheit ergreifen, es mit etwas anderem zu probieren – mit Kornblumen etwa oder mit *Salpiglossis*, deren trompetenförmige Blüten in kontrastierenden Farben gezeichnet sind. Sie brauchen allerdings viel Wärme.

Nigella damascena 'Miss Jekyll' (Jungfer im Grünen)
Höhe *45 cm*
Breite *23 cm*
Blütezeit *Sommer*
Vorzüge *Die himmelblauen Blüten sind von zart geteilten Ranken umgeben. Einjährig, sät sich aber reichlich selbst aus. Filigranes Blattwerk. Die Samenkapseln haben die Form von kleinen Ballons.*
Weitere Sorten *N.* hispanica *bildet schöne, dunkelblaue Blüten mit weinfarbener Mitte. Sie wird höher und breiter als* N. damascena.

Stachys byzantina (Wollziest)
Im Winter oder nach einem starken Sommerregen kann diese Boden deckende Pflanze zwar etwas traurig wirken, aber im Allgemeinen sieht sie ausgezeichnet aus. Sie bevorzugt durchlässigen Boden, denn bei zu viel Feuchtigkeit fault sie. Außerdem sollte man regelmäßig vergilbende und vertrocknete Blätter herauspflücken, damit die Wirkung erhalten bleibt. 'Silver Carpet' ist eine gute, nicht blühende Sorte.

Viola 'Belmont Blue' (Veilchen)
Zur Familie der Veilchen gehören sowohl die großblütigen Stiefmütterchen als auch die winzigen wilden Arten des Duftveilchens (Viola odorata). 'Belmont Blue' (syn. 'Boughton Blue') bildet zahllose Blüten in einem schönen, klaren Blau. Um die Blütenpracht zu erhalten, muss man Veilchen düngen und regelmäßig ausputzen. Wenn die Stängel zu lang werden, schneidet man sie dicht über der Wurzel ab. Im Spätsommer wird die ganze Pflanze zurückgeschnitten.

PFLANZENPORTRÄTS

Nigella damascena 'Miss Jekyll'

Phlox carolina 'Miss Lingard' *mit* Petunia 'Prime Time White' *und* Penstemon 'Apple Blossom'

Die Farben dieses Trios wirken wie Porzellan: blass und rein. Doch es gibt viele Variationsmöglichkeiten. Wenn man statt der weißrosa Sorte 'Apple Blossom' den malvenblauen Bartfaden *(Penstemon)* 'Alice Hindley' nimmt und die weiße Petunie durch eine violettblaue ersetzt, erhält man eine sattere, kräftigere Farbgebung (die aber nicht jedermanns Geschmack ist). Diese Gruppe hier ist für Gärtner gedacht, die helle Farben lieben, und sie passt zu allem, was man dazupflanzt. Phloxe mögen 'reichliche Mahlzeiten', daher sollte man sie im Herbst, wenn man sie abgeschnitten und die Reste der Petunien weggeräumt hat, mit gut verrottetem Mist oder Kompost düngen.

Alle zwei bis drei Jahre, im Frühling oder im Herbst, muss man die Pflanzen teilen und verpflanzen. Die holzigen Teile entfernt man und pflanzt nur die kräftigen neuen Stücke wieder ein.

Phlox carolina 'Miss Lingard'
Höhe *1,2 m*
Breite *45 cm*
Blütezeit *Sommer*
Vorzüge *Dicht besetzte Blütenstände in Waschpulverweiß. Robust. Geben jeder Gruppe etwas von einem Bauerngarten.*
Weitere Sorten *P. paniculata 'Fujiyama' ist eine auffallende Sorte mit weißen Blüten auf kräftigen Stängeln; 'White Admiral' bildet schöne, reinweiße Blütenstände.*

Petunia 'Prime Time White'

Die Petunien stammen aus Südamerika. Pflanzenzüchter haben einige weniger schöne Farbmischungen auf den Markt gebracht, aber diese ungefüllte weiße Petunie ist bezaubernd. Ungefüllte Sorten sind zwar nicht so prächtig wie gefüllte, aber sie kommen besser mit schlechtem Wetter zurecht. Petunien mögen pralle Sonne und leichten Boden. Trockenheit vertragen sie recht gut, Regen ist problematischer.

Penstemon 'Apple Blossom' (Bartfaden)

Diese Sorte ist eher klein und wird selten höher oder breiter als 45-60 cm. Alle Sorten sind schön, aber nur bedingt frosthart. Der zweite große Feind neben dem Frost ist die Feuchtigkeit, so dass man dem Bartfaden am besten ein Plätzchen in voller Sonne und mit durchlässigem Boden sucht. Die Stängel schneidet man nicht im Herbst, sondern erst im Frühjahr ab, denn junge Triebe würden sonst erfrieren.

Phlox carolina 'Miss Lingard'

HOCHSOMMER • PFLANZENPORTRÄTS

Rodgersia aesculifolia *mit* Iris laevigata 'Variegata' *und* Ligularia 'The Rocket'

Als Erste in dieser Gruppe wird die Iris aufblühen und vom Frühsommer an eine Folge von perfekten, blassen Blüten bilden. Wenn dann ab Hochsommer die Blütezeit von Ligularie und Rodgersie beginnt, ist die Iris verblüht. Das macht jedoch nichts, denn ihre zarte Stimme würde im Fortissimo der beiden anderen, insbesondere der Ligularie mit ihren kühnen Blütenständen, ohnehin untergehen. Aber auch ohne Blüten ist dieses Trio sehenswert – alle drei Pflanzen haben ein prächtiges Blattwerk. Die handförmigen Blätter der Rodgersie heben sich von den rundlicheren der Ligularie ab, und die Iris mit ihren auffallenden, panaschierten Blättern setzt kräftige, vertikale Akzente zwischen die Blätterbüsche. Alle drei lieben feuchten Boden, die Rodgersie nimmt aber viel langsamer an Größe zu als die Ligularie. Achten Sie darauf, dass sie nicht erdrückt wird.

Rodgersia aesculifolia
Höhe *1,2 m*
Breite *1 m*
Blütezeit *Ab Hochsommer*
Vorzüge *Prachtvolle, gesägte, gefingerte Blätter, die in der Form den Blättern der Rosskastanie ähneln, nach der die Pflanze ihren Namen trägt. Hohe, kräftige, wie Plüsch wirkende Blütenrispen. Es gibt weiße und rosa Sorten.*
Weitere Sorten *R. pinnata 'Superba' (siehe S. 90) hat ähnliche, handförmige Blätter, die beim Austrieb im Spätfrühjahr kräftig bronzeviolett überlaufen sind; R. podophylla hat grob gesägte Blätter und von Hoch- bis Spätsommer cremefarbene Blüten.*

Iris laevigata 'Variegata' (Iris)
Diese Iris bleibt niedriger als die gelbe Schwertlilie (I. pseudacorus, siehe S. 108), aber sie hat auffallende, bis zu 45 cm hohe Blätter, die zart cremeweiß und blassgrün gestreift sind. Die Panaschierung ist aber eher zurückhaltend; zusammen mit den lavendelblauen Blüten im Frühsommer wirkt sie wunderschön. Der Standort muss feucht, er darf aber auch richtig nass sein.

Ligularia 'The Rocket'
Mit ihren großen, rundlichen, grob gesägten Blättern wächst die Ligularie am besten auf feuchten, nährstoffreichen Böden. Blatt- und Blütenstängel sind fast schwarz und bilden einen kräftigen Kontrast zu den orangegelben Blüten. Die lange Blütezeit reicht vom Früh- bis zum Spätsommer. Die Pflanzen brauchen viel Platz und eignen sich sehr gut für sumpfige Stellen und Teichränder.

174

Rodgersia aesculifolia ▷

Verbascum chaixii 'Gainsborough' *mit* Campanula lactiflora 'Prichard's Variety' *und* Callistephus 'Florette Champagne'

In einer viktorianischen Rabatte waren diese Pflanzen ein ebenso vertrauter Anblick, wie sie es in einem heutigen Beet sind. Sie stellen klassische Elemente des sommerlichen Blumengartens dar. Die Sorten, die hier ausgewählt wurden, bieten eine gedämpfte Farbpalette, so sanft wie sommerliches Zwielicht. Die Königskerze (*Verbascum*) und die Glockenblume (*Campanula*) haben eine hohe, schlanke Wuchsform, daher benötigen sie hohe Sommerastern (*Callistephus*) als Ergänzung. Die Gruppe ist für den Sommer gedacht, doch wenn der Herbst ruhig und schön ist, blühen die Astern noch erstaunlich lange. Um auch im Frühjahr etwas von der Stelle zu haben, setzt man einfach blasse Narzissen rings um die Rosetten der Königskerze. Diesem Trio fehlt nur der Duft. Wenn Ihnen daran gelegen ist, ersetzen Sie die Königskerze durch die Nachtkerze (*Oenothera biennis*).

Verbascum chaixii 'Gainsborough' (Königskerze)
Höhe *1,2 m*
Breite *30 cm*
Blütezeit *Früh- bis Spätsommer*
Vorzüge *Kräftige Rosetten aus runzeligen, graugrünen Blättern. Hohe Rispen mit zartgelben Blüten.*
Weitere Sorten *'Cotswold Beauty' hat aprikosenfarbene Blüten; 'Pink Domino' blüht tiefrosa; 'Helen Johnson' hat rosabraune, 'Letitia' flache, klar gelbe Blüten.*

Campanula lactiflora 'Prichard's Variety' (Glockenblume)
Eine anspruchslose Glockenblume, die überall gedeiht, selbst in kräftigem Gras. Sie hat starke Stängel, die oben große, verzweigte Blütenstände tragen, bei dieser Sorte mit tief violettblauen Blüten. An exponierten Standorten muss man sie vielleicht anbinden, denn sie wird leicht 1,2 m hoch. 'Loddon Anna' ist fliederrosa und passt ebenfalls gut zum zarten Gelb der Königskerze.

Callistephus 'Florette Champagne' (Sommeraster)
Einjährige Astern wie diese sind wunderbare Blumen, vorausgesetzt, sie bekommen nicht zu viel Regen ab. Einige Sorten ähneln Chrysanthemen, und diese hat außergewöhnliche, feine Blütenblätter, die im Kreis herumwirbeln. Die Farbe ist ein zartes Cremerosa, das als Ergänzung zum Cremegelb der Königskerze ausgesucht wurde. Um einen stärkeren Kontrast zu erzielen, wählt man herkömmlichere Mischungen aus Violett und Blau.

PFLANZENPORTRÄTS

Verbascum chaixii 'Gainsborough'

WELCHE PFLANZE WÜRDEN SIE in den eigenwilligen Wochen des Altweibersommers zu Ihrem Liebling küren? Angesichts der drohenden ersten Nachtfröste werden wir Gärtner kühn. Jeder Tag könnte der letzte sein, an dem das Blütenmeer der leuchtenden Kapuzinerkresse noch zu bewundern ist. Jede neue Knospe geht einem ungewissen

Herbststimmung

Schicksal entgegen. Ist für Sie die Dahlie der Favorit? Die schöne *Dahlia coccinea* zum Beispiel mit ihren ungefüllten, kreideroten Blüten wirkt nicht so üppig und schwer wie eine Hybride. Oder könnte die *Canna* x *ehemanii* Ihre Lieblingspflanze sein, mit den großen, paddelförmigen Blättern, die sich ab Hochsommer langsam entrollen? Erst danach bildet sie ihre eleganten, hängenden Blütenrispen, die sie von den anderen Cannas mit ihren meist steifen, aufrechten Blütenständen unterscheiden.

Die Flammen entfachen
Wie Feuer züngeln die orangefarbenen und gelben Fackellilien (Kniphofia rooperi) *rings um die absterbenden Samenstände einer Kardone* (Cynara cardunculus). *Dazwischen sieht man Federbüsche des relativ kompakten Pampasgrases* Cortaderia selloana *'Pumila'.*

Triumph der Cannas

Cannas wie diese glanzvolle 'Durban' sind nichts für schüchterne Gärtner. Ihre großen Blätter beherrschen alle Gewächse ringsherum. Der dunkelrote Blütenstand von Lobelia 'Dark Crusader' rechts fällt kaum auf, die Sonnenbraut (Helenium) im Hintergrund allerdings wirkt durch ihre große Menge.

Sowohl Dahlien als auch Cannas beginnen spät mit dem Wachstum, daher sollte man vielleicht dafür sorgen, dass frühlingsblühende Zwiebelpflanzen das Beet vorher beleben. In kalten Gegenden nimmt man Dahlien und Cannas über den Winter aus der Erde und lagert sie frostfrei. In milderen Gegenden können die Knollen unter einer Decke aus trockenen Blättern im Boden überwintern.

Dahlien und Cannas bilden beide ein üppiges Blattwerk, doch wenn ihre Blüten erscheinen, zeigen sie kompromisslos Farbe. Wenn man sie mit Pflanzen kombinieren möchte, die zur gleichen Zeit blühen, sollte man an Dunkelrot, Dunkelblau, Violett, Magenta, Pink, Cremeweiß und Dunkelgelb denken. Doch da Dahlien und Cannas erst spät zu blühen beginnen, kann man sie auch Pflanzen zugesellen, die zu einer ganz anderen Jahreszeit in voller Blüte stehen, etwa der schönen, alten, gefüllten Pfingstrose *Paeonia officinalis* 'Rubra Plena'. Oder aber man könnte beim

Thema Blattwerk bleiben und ein subtropisches, fast dschungelartiges Bild anstreben: mit Dahlien, Cannas, den Federbüschen des Königsfarns *(Osmunda regalis)*, Rodgersien, den großen, gekräuselten Blättern des Meerkohls *(Crambe)*, den säbelförmigen Blattfächern des Crinum oder dem reichlichen Blattwerk des Storchschnabels *(Geranium palmatum)*.

Die violettblättrige Silberkerze *(Cimicifuga simplex* Atropurpurea-Gruppe) ist eine weitere Möglichkeit. Diese schöne Pflanze mit ihren elegant gelappten und gezackten Blättern wird bis zu 1,2m hoch. Ihre langen, schmalen, cremeweißen Blütentrauben erscheinen im Spätherbst, wenn auch Crinum, Dahlie und Canna noch blühen. Die Blüten des Crinum sind zwar prächtiger, die Silberkerze besticht aber durch die kräftige, satte Farbe ihres Blattwerks und ist auch vor der Blütezeit eine Augenweide.

Auch die Fetthenne *Sedum telephium* 'Linda et Rodney' hat violett bronzefarbene Blätter, ist jedoch nicht so dunkel und wuchtig wie die Sorte 'Atropurpureum' derselben Art. Sedum ist wie auch die Silberkerze ein nützliches Gewächs für die Zeit, in der der Garten sich schon zur Winterruhe bereitmacht.

Wenn Sie eine lichtere, lebhaftere Gruppe wollen, sollten Sie zum Beispiel das Federborstengras *(Pennisetum macrourum)* wählen, eine Büschel bildende, immergrüne Pflanze, deren Blütenrispen im Herbst wie dicke Raupen am Ende der Blütenstängel hängen. Anfangs sind sie blass cremegrün, später werden sie dann violett und braun. Das Gras lockert das schwerere Blattwerk von Dahlie oder Canna auf. Purpurroter Sonnenhut *(Echinacea purpurea)* wäre eine weitere Möglichkeit.

Wenn Sie sich alle Möglichkeiten offen halten möchten, entscheiden Sie sich vielleicht für weniger dauerhafte Pflanzungen. In diesem Fall könnten Sie Bartnelken mit dem dunkel blühenden Löwenmäulchen 'Purple King' kombinieren, das etwa 45cm hoch wird. Manchmal überdauern Bartnelken und Löwenmäulchen als kurzlebige Stauden und blühen dann im nächsten Jahr viel eher als Exemplare, die man neu aus Samen gezogen hat, so dass ihre Blütezeit dann nicht mit der von Dahlie oder Canna zusammenfällt. Wenn Sie jedoch daran denken, die Hauptähre des Löwenmäulchens abzuschneiden, sobald sie verblüht ist, bilden sich bis weit in den Herbst hinein kleinere Blütenähren. 'Corona Mixed' ist mit 50cm Höhe eine wüchsige Sorte, die in einer schönen Farbmischung blüht. Ein empfehlenswertes, dunkelblättriges, tiefrotes Löwenmäulchen, das zu *Canna* x *ehemanii* und dem Federborstengras *(Pennisetum macrourum)* passt, ist 'Black Prince'.

Osmunda regalis, S. 90
Rodgersia aesculifolia, S. 174, und *R. pinnata* 'Superba', S. 90
Crambe cordifolia, S. 74
Geranium palmatum, S. 82
Cimicifuga simplex 'Brunette', S. 200

Canna x *ehemanii*, S.198

KÖNIGSFARN & ENGELWURZ

Cerinthe major 'Purpurascens', S. 144

Petunia 'Purple Wave', S. 94

Die Cerinthe ist ebenfalls ein guter Lückenfüller. Noch eine Möglichkeit sind kleinblütige, wetterbeständige Petunien oder auch die wüchsigen, weit verzweigten Petunien der Surfinia-Serie. Dazu gehört die ausgezeichnete Sorte 'Purple Wave' mit ihrer schier unglaublichen Blütenfülle. Man hält die Pflanzen meist in Töpfen, aber sie eignen sich auch gut für Rabatten.

Im Herbst kann Ihr Garten genau so verschwenderisch blühen wie im späten Frühjahr.

Im Spätsommer kann man mit Einjährigen beeindruckende Effekte erzielen, wenn man ihre Fähigkeit, spät zu blühen, ausnutzt und sie mit früher blühenden Stauden kombiniert. Die große Farbpalette, die Einjährige zu bieten haben, ist für den Gärtner ein Geschenk, aber auch eine Herausforderung. Die schönsten Wirkungen erhält man, wenn man sich an ein bestimmtes Farbschema hält. Die Grundfarbe kann ein Gelb sein, das von Orange- und Bronzetönen begleitet wird, wie Rudbeckien und Sonnenbraut *(Helenium)* sie liefern. Mit Limonengrün und Weiß zusammen wirkt das Gelb kühler, klassischer. Jede Gelbkombination aber könnte riesige Sonnenblumen enthalten, mit mächtigen Blütenköpfen, aus denen die Vögel im Spätherbst die reifen Sonnenblumenkerne picken.

Cosmos bipinnatus 'Sonata White', S. 148

Wenn Sie eine kühle Wirkung anstreben, ist der limonengrüne Ziertabak gut geeignet, oder auch die weiße Kosmee, deren frische Blüten sich von ungewöhnlich schönem Blattwerk abheben. Kosmeen und Tabak lassen sich beide leicht aus Samen ziehen und ergänzen sich gut, denn die fedrigen Blätter der Kosmee geben dem wuchtigen Blattwerk der Tabakpflanze Leichtigkeit. Setzen Sie hohe gelbe Afrikanische Tagetes dazu und als verbindendes Element die kriechenden Ranken von limonengrünem Helichrysum. Als Alternative kann das Weiß in dieser Gruppe auch von Petunien und Löwenmäulchen stammen, wieder in Kombination mit dem limonengrünem Ziertabak. Für den Vordergrund ist der Husarenknopf *(Sanvitalia procumbens)* geeignet, eine niedrige Pflanze, die kleine, gelbe, margeritenähnliche Blüten mit erhabener schwarzer Mitte bildet.

Als weitere Möglichkeit kann man statt des limonengrünen Helichrysums eine graue Sorte wählen, die zwischen gelben Löwenmäulchen und

182

Beetdahlien ihre Blütenköpfchen zeigt. Als Beetdahlie eignet sich die 'Redskin'-Mischung mit gefüllten Blüten über glänzend bronzegrünem Blattwerk. Zur Abwechslung kann man auch die Afrikanischen und die Französischen Tagetes durch Englische ersetzen. Oder man unterpflanzt hohe, gelbe und weiße Zinnien mit *Alyssum* und *Nierembergia caerulea* 'Mont Blanc'. Diese Kombinationen beschränken sich zwar größtenteils auf Gelb, Limonengrün und Weiß, aber bei jeder Mischung liegt das Gewicht auf einem anderen Farbton.

Um mit derselben Farbpalette eine formalere Wirkung zu erzielen, kann man ein rechteckiges Beet in ein Rautenmuster aufteilen. Für die Umrisse der Rauten nimmt man gestutztes graues Heiligenkraut (*Santolina*), dann füllt man die geometrischen Formen mit limonengrünen Buntnesseln *(Solenostemon)* aus. Außen an die Spitzen pflanzt man als Hochstämmchen gezogene Strauchmargeriten (*Argyranthemum foeniculaceum*) mit grauem Blattwerk und weißen Blüten. Experimentierfreudige Gärtner setzen Pflanzen wie die Buntnessel, die wir als Wintergarten- oder Zimmerpflanzen kennen, inzwischen häufig im

Herbststimmung

Nicht alle Dahlien sind Schwergewichte. Die zinnoberrote 'Tally Ho' bildet leichte, ungefüllte Blüten vor einem nahezu schwarzen Blattwerk. Hier wächst sie zusammen mit der dunkelblättrigen Purpurfetthenne (Sedum telephium 'Atropurpureum').

Freien ein. Auch Grünlilien *(Chlorophytum comosum)* und *Hypoestes phyllostachya* mit ihrem weiß gepunkteten Blattwerk kann man im Sommer ins Freie pflanzen. Sie passen gut zu Bartfaden *(Penstemon)* und der zarten *Gillenia trifolata*, einer Staude, die wie eine Zwiebelpflanze aussieht. In der ersten Sommerhälfte bildet sie an verzweigten Stängeln kleine weiße Blüten mit rötlich braunen Kelchen. Ohne diese elegante Pflanze könnten Bartfaden und *Hypoestes phyllostachya* leicht zu dicht wirken. *Gillenia trifolata* wird ungefähr einen Meter hoch und scheint an Bodenqualität und Standort keine besonderen Ansprüche zu stellen.

DIE ZEIT DER SONNENBLUME

Sonnenblumen eignen sich gut für eine Hauptrolle im spätsommerlichen Garten, denn dies ist ihre beste Zeit. Man könnte sie in ein Blütenmeer aus Kapuzinerkresse setzen, neben Dahlien in den gleichen Farbtönen. In den letzten Jahren haben sie mit ihrer Beliebtheit sogar sämtlichen Salbeisorten den Rang abgelaufen. Sie sind leichter zu ziehen, wachsen wesentlich schneller und keine andere Pflanze bringt so wirkungsvoll Licht in den Großstadtdschungel. Man sät sie im späten Frühjahr in 7-cm-Töpfe. Gut gewässert und mit Plastikfolie überzogen, brauchen die Töpfe keine weitere Pflege, bis die Sämlinge sich zeigen. Wenn keine Frostgefahr mehr besteht, kann man die Pflänzchen ins Freie setzen. Sonnenblumen brauchen von der Aussaat bis zur Blüte vier Monate. Wenn man sie früh aussät, blühen sie daher auch früh. Die Sorte 'Ruby Sunset' bildet herrlich mahagonibraune Blüten mit dunkler Mitte und passt gut zu Cannas und hohen Gräsern wie Miscanthus oder Federgras *(Stipa)*.

Helianthus 'Gold and Silver', S.204

Da Sonnenblumen auch als Schnittblumen viel Anklang gefunden haben, sind inzwischen viele verschiedene Sorten erhältlich. 'Moonwalker' zum Beispiel ist eine etwa 1,2 m hohe, verzweigte Sorte mit blassgelben Blüten. 'Full Sun' ist eine traditionellere, goldgelbe Sorte, und 'Gold and Silver' bildet gelbe Blüten über zarten, samtigen Blättern mit einem silbrig graugrünen Farbton.

Die Farbpalette der Sonnenblumen reicht von einem blassen Elfenbeinweiß über das herkömmliche leuchtende Gelb bis zu einem satten Mahagonibraun. In Bauerngärten pflanzt man sie schon so lange, dass sie einfach dazugehören, aber eigentlich kommen sie, wie so viele andere Gartenpflanzen auch, aus dem Ausland, und zwar aus Amerika. Englische Gärtner hörten zum ersten Mal in den »Joyfull Newes out of the Newe Founde

Worlde« (»Frohe Nachrichten aus der neu gefundenen Welt«) von der Sonnenblume. »Sie bringt sehr große Blüten hervor«, schrieb John Frampton 1577, »und die ungewöhnlichsten, die man je gesehen hat, denn sie sind größer als ein großer Teller oder eine Schale, und sie haben verschiedene Farben.«

Einjährige verwandeln einen Garten im Nu.

Etwa zur gleichen Zeit wurde aus Amerika die Kapuzinerkresse eingeführt. Auch sie kann man für den Spätsommer in Töpfen vorziehen. 'Jewel of Africa' bildet lange, kriechende Triebe mit marmoriertem Blattwerk. 'Empress of India' wächst buschiger und hat blaugrüne Blätter und tiefrote Blüten. Blattläuse können zum Problem werden, aber normalerweise breitet die Kapuzinerkresse sich rasch zu einem bunten Teppich aus. Vielleicht versucht sie sogar, sich an den Stängeln der Sonnenblumen emporzuranken. Die Sonnenblumen sind so kräftig, dass sie solche Kletterübungen vertragen.

Tropaeolum majus 'Jewel of Africa', S. 74; *T. majus* 'Empress of India', S. 146

EXPERIMENTIEREN MIT EINJÄHRIGEN

Nichts verändert einen Garten so schnell wie das Pflanzen von einjährigen Sommerblumen – man kann dabei nach Herzenslust mit verschiedenen Sorten, Farben und Standorten experimentieren. Manche Einjährige haben ihre beste Zeit im Hochsommer und sind im Spätsommer schon verblüht, aber es gibt auch viele Arten, die mehr Zeit für ihre Entwicklung brauchen und daher am schönsten sind, wenn der Sommer in den Herbst übergeht.

Jeder Gartenmarkt kann die gängigen Einjährigen liefern: Tagetes, Lobelien, Petunien, Fleißige Lieschen. Aber wenn man alle diese bewährten, widerstandsfähigen Arten durchprobiert hat, möchte man, wenn man auch nur einen kleinen Funken Neugier besitzt, mit Pflanzen experimentieren, die der Gartenmarkt nicht anbietet. Allerdings sollte man sich darüber im Klaren sein, dass es nicht Aufgabe der Samenhändler ist, ihre Kunden darauf aufmerksam zu machen, wie schwierig die Kultur mancher Einjähriger sein kann. In den Samenkatalogen ist alles eitel Sonnenschein, und die Samen werden mit Adjektiven wie »herrlich«, »unwiderstehlich«, »einzigartig«, »wunderschön« und »ausgefallen« angepriesen. Bei »ausgefallenen« Sorten ist besondere Vorsicht geboten!

Zunehmend werden Sorten auch als »zwergwüchsig« gelobt. Doch welcher Vorteil liegt darin, elf zwergwüchsige Pflanzen auf einer Fläche unterzubringen, die fünf normal große Exemplare eleganter ausfüllen könnten? Die Züchtung von zwergigen Pflanzensorten ist ein sonderbarer Trend, und wir wollen hoffen, dass er bald zu Ende geht. Zum Glück lassen sich nicht alle Einjährigen zu Zwergen umzüchten. Relativ sicher ist man mit einem einjährigen Mädchenauge wie *Coreopsis grandiflora* 'Early Sunrise'. Es bringt leuchtend gelbe, halb gefüllte Blüten hervor. Die Blütezeit beginnt im Hochsommer, hat ihren Höhepunkt aber im Spätsommer und im Herbst. Die Pflanzen werden etwa 45 cm hoch. Sie tragen zwar reichlich Knospen, aber jeweils nur eine Blüte, so dass sie eher unauffällig wirken.

Der richtige Standort spielt auch für Einjährige eine große Rolle. Es hat wenig Sinn, Pflanzen zu ziehen, wenn man sie nicht vorteilhaft platzieren kann. Vor allem gehören sie an einen Ort, an dem sie möglichst gut gedeihen. Abgesehen von Begonia-Semperflorens-Hybriden und Fleißigen Lieschen, die Schatten brauchen, bevorzugen Einjährige im Allgemeinen Sonne. Außerdem brauchen sie Nachbarn, die sie im Hinblick auf Farbe und Form ergänzen und durch ihre Größe nicht überwältigen.

Manchmal kann man Gruppen schaffen, die ausschließlich aus Einjährigen bestehen, doch normalerweise wirken sie in Gemeinschaft mit langlebigeren Pflanzen am besten. Die palmenähnliche Cordyline zum Beispiel ist sehr schön, zusammen mit dunkelviolettem Heliotrop und tiefrosa Efeupelargonien wirkt sie jedoch großzügiger und interessanter. Der Vanilleduft des Heliotrops ist Grund genug, es zu ziehen, aber auch das Blattwerk fällt auf: Die tiefgrünen Blätter sind violett überlaufen und von einem gefurchten Netz aus Adern durchzogen. Am besten sind Stauden, die als Einjährige gezogen werden. Über den Winter bringen kann man sie, indem man Stecklinge zieht.

Falls Sie eine Abneigung gegen Rosa haben, können Sie unter die Cordyline auch blauen Ziersalbei (*Salvia farinacea*) und zitronengelbe Tagetes pflanzen. Geeignet ist außerdem *Salvia farinacea* 'Strata', der kürzlich eine Goldmedaille erhielt. Er wird etwa 40 cm hoch und bildet Rispen mit blauweißen Blüten. »Der erste Zweifarbige!«, prahlten die Züchter. Mehr Ausstrahlung jedoch besitzt die ältere Sorte 'Queen Victoria'. Das satte Blau ihrer Blüten durchtränkt auch die Stängel, was sehr effektvoll ist. Versuchen Sie einmal, diesen Ziersalbei mit der hohen, schlanken, violetten *Verbena bonariensis* und dem dunkelvioletten Kohl 'Ragged Jack'

HERBSTSTIMMUNG

zu kombinieren, der viel zu schade dafür ist, in einem Gemüsebeet versteckt zu werden. Blau und Gelb passen immer gut zusammen. Man könnte mit einem Vordergrund aus Zweizahn (*Bidens*) beginnen, der gelbe, margeritenähnliche Blütenköpfe und zartes, farnähnliches Blattwerk bildet. Dahinter könnte man ein zartblau blühendes Nachtschattengewächs setzen, etwa *Solanum rantonnetii*, aber *Solanum laciniatum* mit den gesägten Blättern ist genauso gut geeignet. Dazwischen pflanzt man gelbe Rudbeckien. Wenn Sie eine einjährige Sorte haben möchten, nehmen Sie *Rudbeckia hirta* var. *pulcherrima*, die hohe, reich verzweigte, üppig mit Blüten besetzte Sprossen bildet. Falls Sie sich für eine dauerhaftere Pflanzung entscheiden, wählen Sie eine der vielen ausgezeichneten Rudbeckien wie 'Goldsturm', deren gelbe Blüten eine dunkelbraune, kegelförmige Mitte haben, oder 'Goldquelle', deren Blüten zitronengelb und in der Mitte grünlich sind. Astern haben sanftere Farben und geben einer sommerlichen Pflanzung eine willkommene Leichtigkeit. Leider sind sie in feuchten, bedeckten Sommern über und über von Mehltau überzogen.

Goldener Herbst

Gelbe Blüten sind aus vielen Herbstgärten nicht wegzudenken. Die Blütezeit der Rudbeckia fulgida beginnt später als die von Ageratum 'Blue Horizon', mit dem sie hier kombiniert ist, aber sie blüht ununterbrochen bis weit in den Herbst hinein.

Auch Kalifornischer Goldmohn, Kapuzinerkresse und Ringelblumen sind bewährte Einjährige. Alle drei sind anspruchslose, fröhliche Sommerblumen – man braucht ein paar getreue Gesellen, während die unerprobten Neuheiten ringsherum sprießen. Dieses verlässliche Trio eignet sich auch gut für Kombinationen mit Gemüse: Kalifornischer Goldmohn passt zu Endivien oder grünem Salat, Kapuzinerkresse bildet einen Teppich unter Stachelbeerbüschen und Ringelblumen bringen ein Spinatbeet zum Leuchten.

Auch auf den Zweizahn (*Bidens*) ist Verlass. Wenn man eine Sorte wie 'Golden Goddess' aussät, erhält man genug Sämlinge, um sowohl Beete als auch Töpfe damit zu bepflanzen. Setzen Sie die Pflänzchen so, dass sie in die Zweige einer *Ceratostigma* oder eines im Frühjahr blühenden Seidelbastes (*Daphne*) hineinklettern können. Der Zweizahn ist, wie das Löwenmäulchen auch, eigentlich eine Staude, hat aber in Ländern, die kühler sind als seine mexikanische Heimat, nur selten die Möglichkeit zu überwintern. Wenn die Pflanzen sich nicht anlehnen können, hängen sie, daher nimmt man sie oft für Kübel. Auch am vorderen Rand eines gemischten Beetes wirken sie gut, sie breiten sich dann über den Weg oder an der Beetkante entlang aus.

WAGHALSIGES GÄRTNERN

Wie Ihr Garten in den Herbst übergeht, hängt von Ihrem Temperament und Ihren gärtnerischen Vorlieben ab. Vielleicht juckt es Ihnen schon in den Fingern, alles abzuschneiden, alles aufzuräumen und an etwas anderes zu denken. Oder aber Sie möchten so einfallsreich, vergnügt und kühn weitergärtnern, wie Sie es im Frühjahr und im Sommer getan haben. Dann werden Sie von der Vorstellung begeistert sein, dass Sie die Herbsttage mit strahlenden Dahlien und Wäldern aus Zinnien, Cannas und Bananenstauden genießen können. Statt zuzusehen, wie traditionelle Rabatten nach und nach zerfallen, können Sie ein Feuerwerk aus Pampasgras und Sonnenblumen, die jetzt in Hochform sind, miterleben. Ihr Garten kann im Spätsommer und im Herbst genauso üppig und verschwenderisch blühen wie im späten Frühjahr. Und die Blütezeit der Fackellilien wie der orangeroten *Kniphofia rooperi* hat noch nicht einmal begonnen.

Setzen Sie Töpfe mit süß duftenden *Gladiolus callianthus* (Syn. *Acidanthera*) zwischen Buntnesseln *(Solenostemon)* und blassgraue Sukkulenten mit zungenförmigen Blättern. Auch mit den hohen Blütenständen des Ziersalbeis (*Salvia farinacea*) und den eleganten Dolden der Tulbaghia lassen die Gladiolen sich gut kombinieren. Vielleicht fragen Sie sich, warum Sie nicht eher auf die Tulbaghia gestoßen sind. Sie sieht wie ein Allium aus, wirkt aber leichter, die Blüten sind rosa und die Blütenstände kleiner als die der meisten Zierlauche. Nutzen Sie die Tatsache, dass Herbstfarben feurige Farben sind, indem Sie Dahlien wie die orangeblütige 'Ellen Huston' pflanzen, am besten vor das dunkle Blattwerk von Rizinuspflanzen. Kombinieren Sie die glühende 'Orange Mullet' mit dem zarten *Hedychium greenei*, oder versuchen Sie einmal, die sattrosa Dahlie 'Pearl of Heemstede' neben den samtigen Ziersalbei (*Salvia involucrata* 'Bethellii') zu setzen. Wenn Ihnen das zu rosa ist, lockern Sie die Gruppe mit dem dunkelblau blühenden *Solanum rantonnetii* auf, den man normalerweise im Wintergarten halten würde. Seien Sie waghalsig. Experimentieren Sie mit Gewächsen wie Zyperngras und Begonien, die Sie normalerweise im Haus haben. Sie können sich im Freien ganz erstaunlich entwickeln.

VIELSEITIGE GRÄSER

Sicherlich ist Ihnen nicht entgangen, welch zauberhafte Wirkung Gräser in einem herbstlichen Garten entfalten können. Insgesamt gibt es weltweit etwa 9000 Grasarten, und es wäre ein Jammer, wenn wir – auf den Umgang mit Rasenmähern konditioniert – diese Pflanzen als Feinde betrachteten. Es gibt zahlreiche hervorragende Gattungen wie Miscanthus, Schwingel (*Festuca*), Reitgras (*Calamagrostis*) und Federgras (*Stipa*). Wenige Gewächse sind für den Spätsommer und den Herbst so gut geeignet. Wenn die Stauden allmählich weiche Knie bekommen, sehen Gräser mit ihren eleganten Samenständen, die sich bis in den Winter hinein halten, noch lange gut aus.

Stipa gigantea, S. 204

Weitere schöne Sorten sind das Rohrglanzgras *(Phalaris arundinacea)* und das Französische Raygras (*Arrhenatherum elatius* ssp. *bulbosum* 'Variegatum'). Leider sind manche Gräser noch nicht weit genug verbreitet, um einen geläufigen deutschen Namen zu haben, und die botanischen Namen sind oft Zungenbrecher. Das gilt auch für das reizvolle Ziergras Hakonechloa.

Hakonechloa ist ein niedriges, büscheliges Gras, das aus Japan stammt. Die einzelnen Pflanzen werden etwa 30 cm breit und ebenso hoch. Die gelben, grün gestreiften Blätter sind verhältnismäßig breit und sprießen so aus der Mitte des Büschels, dass eine Halbkugel aus Blattwerk entsteht. Zusammen mit violettem Salbei und der nach Schokolade duftenden Kosmee *(Cosmos atrosanguineus)* wirkt es großartig. Am anderen Ende des Spektrums finden wir Gräser wie *Stipa gigantea*, das in einem einzigen Jahr

Dahlia coccinea, S. 198
Ricinus communis 'Impala', S. 198

Winterzauber

*Der Frost setzt manchen Gartenfreuden ein Ende, zaubert dafür aber andere schöne Effekte herbei. Hier hat er die rauen Blätter des Brandkrautes (*Phlomis russeliana*) versilbert und die normalerweise aufrechten Blätter des Honigstrauches (*Melianthus major*) gebeugt. Den Samenständen des Federgrases (*Stipa tenuissima*) konnte er nichts anhaben.*

bis zu 2,5 m hoch wird. Diese Sorten sehen am besten aus, wenn sie nicht zu dicht neben ihren Nachbarn stehen, so dass sie sich ungehindert entfalten können. Sie können ihnen auch Nachbarn zugesellen, die ihre Wirkung noch unterstreichen. Kombinieren Sie zum Beispiel Büsche des Federborsten- oder Lampenputzergrases *(Pennisetum setaceum)* mit der ungefüllten, roten *Dahlia coccinea* und Rizinuspflanzen *(Ricinus communis)*.

Gräser kommen optimal zur Geltung, wenn ihre schmalen Blätter mit völlig andersartigem Blattwerk kontrastieren, etwa mit den Blättern von Bärenklau *(Acanthus)*, Funkien oder Bergenien. Setzen Sie die panaschierte *Segge Carex riparia* 'Variegata' hinter einen Teppich aus Elfenblumen *(Epimedium)*, Miscanthus hinter Astrantien, die Steifsegge (*Carex elata* 'Aurea') neben große, grünblättrige Funkien, dazu im Vordergrund das

bronzeblättrige Scharbockskraut (*Ranunculus* 'Brazen Hussy'). Die rot- und kupferfarbenen Blätter der Segge *(Carex buchananii)* passen gut zu bestimmten Arten der Strauchveronika, etwa zu *Hebe cupressoides*. Wenn man einen mediterranen Effekt erzielen möchte, pflanzt man *Stipa gigantea* zusammen mit Neuseeländer Flachs, etwa *Phormium* 'Bronze Baby' oder *Phormium* 'Cream Delight'. Sie können *Stipa gigantea* aber auch mit orangefarbenen Dahlien und gelben Sonnenblumen kombinieren. Der große Vorzug der Gräser besteht darin, dass sie noch stehen, wenn die meisten Stauden schon in den Boden eingezogen sind. Die Blätter trocknen zwar ein, und die Samenstände verblassen zu bräunlichen und cremegelben Farbtönen, aber mit ihrer ausdrucksvollen Form geben sie einer Pflanzung weiterhin Struktur und Ausstrahlung.

Ranunculus ficaria 'Brazen Hussy', S. 74

Die Samenstände können bis ins zeitige Frühjahr stehen bleiben, doch bevor die neue Wachstumsphase beginnt, muss man sie abschneiden. Wenn man Gräser in gut vorbereiteten Boden setzt, in den eine kräftige Portion Mist eingearbeitet wurde, braucht man sie nicht zusätzlich zu düngen. Manche Arten muss man auch eher zurückhalten, als sie zum Wachstum zu ermutigen. Das Rohrglanzgras und das panaschierte Riesensüßgras, auch Wasserschwaden genannt (*Glyceria maxima* var. *variegata*) breiten sich rasch aus. Umstechen Sie die Büschel daher im Herbst mit einem scharfen Spaten, als wollten Sie einen kleinen Graben ausheben, und nehmen Sie die Pflanzenteile außerhalb dieser Umgrenzung fort.

Nicht alle Gräser sind Stauden. Ein- und zweijährige Arten lassen sich leicht aus Samen ziehen. Sie eignen sich hervorragend für die Vorderkante von Beeten, zusammen mit Nelken, Grasnelken *(Armeria)* oder anderen Pflanzen, die ebenfalls sonnige Standorte und einen leichten, gut durchlässigen Boden lieben. Das Zittergras *(Briza maxima)* hat besonders hübsche Samenstände, wie kleine Medaillons, die an fadendünnen Stielen hängen. Das Federborstengras (*Pennisetum villosum*) bildet weiche Ähren, die wie wollige Raupen aussehen, und die Samenstände des Hasenschwanzgrases *(Lagurus ovatus)* sind kürzer, aber ebenso weich und anmutig. Es lohnt sich, Letzteres zwischen niedrige Nelken und Akeleien zu setzen, als Nachfolger der frühen De-Caen-Anemonen, oder um Flächen mit Brachyscome aufzulockern. Im Spätsommer und im Herbst sieht das Hasenschwanzgras am besten aus. Es bildet weiche, cremefarbene, bezaubernde Samenähren und wird in Höhe und Breite nicht größer als 25 cm, blüht dafür aber umso reichlicher. Man sät die Samen im frühen Frühjahr,

Lagurus ovatus, S. 150

pikiert die Sämlinge und pflanzt sie dann im Spätfrühjahr aus. Ihre Blütezeit beginnt, wenn Nelken und Akeleien schon verblüht sind. Die einjährigen Gräser werden nicht sehr hoch (bis zu 50 cm) und sind vor allem wegen ihrer Blütenstände interessant.

Einige der großen, mehrjährigen Gräser wie Miscanthus brauchen Zeit, bis sie sich angesiedelt haben und zum ersten Mal blühen. Doch das

Gräser können eine zauberhafte Wirkung in einem herbstlichen Garten entfalten.

Anpflanzen lohnt sich schon allein der schönen Blätter wegen. Probieren Sie es mit *Miscanthus sinensis*, das schmale, blaugrüne Blätter mit weißer Mittelrippe hat. Noch besser ist sein Abkömmling 'Variegatus', der zart bräunlich gelb panaschiert ist und im Garten leichter einen Platz findet als 'Zebrinus', dessen Blätter blassgelbe Querstreifen haben. *Miscanthus sinensis* 'Silberfeder' wirkt in der Blüte wie kurzes Pampasgras. Die Blütenrispen erscheinen zum Beginn des Herbstes und sind bis zum Jahresende schön.

Gräser kommen zunehmend in Mode, und das bedeutet, dass immer mehr Sorten eingeführt werden. Sehen Sie sich nach panaschiertem Wiesenknäuelgras (*Dactylus glomerata* 'Variegata') um, das etwa 60 cm hoch wird. Es hat schlanke, weiß umrandete Blätter und auffällige, grünviolette Samenrispen. Oder nehmen Sie den Schwingel (*Festuca punctoria*) aus der Türkei. Er bildet steife, stachelige, silbrig blaue Blätter, die nicht höher als 15 cm werden. Im Garten gedeiht er oft besser als der Blauschwingel (*Festuca glauca*), der weiter verbreitet ist, aber seine beste Zeit immer gerade vor oder hinter sich zu haben scheint. Mit dem Pfeifengras (*Molinia caerulea* ssp. *arundinacea*) bringen Sie Ihren Herbstgarten zum Leuchten, denn das Blattwerk färbt sich im Herbst orange, bräunlich und grün. Das Pfeifengras wird nur 45 cm hoch, aber die orangebraunen Samenstände wiegen sich über den Blätterbüscheln. Sie können auch die Rasenschmiele (*Deschampia cespitosa*) mit hohem Nectaroscordum und Lerchensporn (*Corydalis*) kombinieren. Gewarnt sei allerdings davor, einfach eine Menge Gräser zusammen zu pflanzen und sich so einen 'Grasgarten' anzulegen.

Deschampsia cespitosa 'Goldtau', S. 88

HERBSTLICHE ÜBERRASCHUNGEN

Der Herbst bringt oft unerwartete Gäste. Vielleicht können Sie beobachten, wie eine scharlachrote Blüte des Türkischen Mohns sich entfaltet und ihre seidigen Blütenblätter ausschüttelt. Eigentlich blüht dieser Mohn im Frühsommer, aber unter günstigen Bedingungen kommt er im Herbst noch einmal zur Blüte. Er gehört zu den Stauden, denen die milde, feuchte Witterung, die der Spätherbst manchmal mit sich bringt, besser gefällt als das Wetter im Frühsommer, den wir Gärtner als Blütezeit eingeplant hatten. Auch Rittersporne schicken noch einmal letzte Blütenstände in die Höhe, kürzer nun, aber eine willkommene Abwechslung in der herbstlichen Farbpalette mit ihren dominierenden Orange-, Rot- und Brauntönen. Oder Sie entdecken plötzlich blühende Frühlingsblumen auf einem Beet, Primeln etwa oder Maßliebchen (*Bellis perennis*).

So präsentiert sich der Garten im Spätherbst in einem freundlichen Chaos, und wenn man sich als Gärtner nicht zu sehr auf Regeln und Lehrbücher versteift hat, kann man seine helle Freude an ihm haben. Genießen Sie diese Zeit, denn nun kann der Winter jeden Tag Ernst machen.

Milde Witterungsverhältnisse in dieser späten Jahreszeit sind ein Segen für alle empfindlichen Stauden wie Salvien und die verschiedenen Arten der Steinsame (*Osteospermum*) oder die Strauchmargerite (*Argyranthemum*). Gesellschaft bekommen sie von Blütenpflanzen, die den Herbst als ihre eigentliche Jahreszeit ansehen. Dazu gehört zum Beispiel die alte Chrysanthemensorte 'Emperor of China', eine zuverlässige Staude mit zarten, silbrig rosafarbenen Blüten. Die ersten Blütenblätter öffnen sich federkielförmig. Die Mitte der Blüte, die noch knospig ist, bildet in diesem Stadium einen dunklen Kontrast zum blasseren Rosa der geöffneten Zungenblüten. Mit dem Altern der Blüte verschwindet der Federkieleffekt, und es bildet sich eine blassrosa, gefüllte, würzig duftende Blüte. Nach dem ersten Frost färbt sich das Blattwerk satt dunkelrot, so dass die Pflanze noch prächtiger wirkt. Kombinieren Sie diese Chrysantheme mit der leuchtend blauen *Salvia patens* und den Blütendolden einer frostharten Nerine. Wenn dieses Trio abgestorben ist, wird es schon fast Zeit, nach den ersten Winterlingen zu schauen. Schöne Gärten müssen nie das Schild »Geschlossen« an ihre Pforten hängen.

Aconitum carmichaelii 'Arendsii' *mit* Hemerocallis 'Golden Chimes' *und* Agapanthus campanulatus

Je nachdem, wie das Wetter ausfällt, werden diese drei Pflanzen wahrscheinlich nacheinander blühen: erst die Taglilie *(Hemerocallis)*, dann der Agapanthus und zum Schluss der Eisenhut *(Aconitum)*. Letzterer kann ein wenig finster wirken, und diesen Eindruck sollte man ernst nehmen, denn er ist sehr giftig. Vorsicht also, wenn Kinder in der Nähe sind! Die Blüten haben das intensive Blau, das wir sonst nur vom Rittersporn kennen, aber der Eisenhut ist leichter zu ziehen und nicht so anfällig für Schneckenfraß. Wohl fühlt er sich in kühlem, feuchtem, fruchtbarem Boden mit etwas Schatten, aber auch in voller Sonne gedeiht er gut, solange der Standort nicht zu mager und trocken ist. Der Agapanthus wächst besser, wenn er viel Sonne bekommt, das sollte man bei der Platzierung dieser Gruppe bedenken. In Töpfen, in denen der Wurzelraum eingeschränkt ist, scheinen die Pflanzen reichlicher zu blühen als im Erdboden.

Aconitum carmichaelii 'Arendsii' (Eisenhut)
Höhe *1,2 m*
Breite *30 cm*
Blütezeit *Früher Herbst*
Vorzüge *Intensiv blaue Blüten an verzweigten Stängeln. Kräftiger Wuchs. Sehr gut in kühlem, feuchtem Schatten.*
Weitere Sorten *'Kelmscott' bildet lavendelblaue Blütenrispen; A. 'Bressingham Spire' hat bis zu 90 cm hohe Stängel mit veilchenblauen, A. x cammarum 'Bicolor' blassblaue, weißgrau überlaufene Blüten.*

Hemerocallis 'Golden Chimes' (Taglilie)

Die einzelnen Trompeten der Taglilie blühen zwar jeweils nur einen Tag, aber insgesamt blüht die Pflanze den ganzen Sommer über reichlich. 'Golden Chimes' hat schmale Blätter und sattgelbe, sternförmige Blüten, die auf der Rückseite rötlich braun überlaufen sind. In der Gattung dominieren Gelb und Orange, es gibt aber auch schöne ziegelrote Farbtöne (siehe 'Stafford', S. 146).

Agapanthus campanulatus (Schmucklilie)

Bei der Auswahl von Agapanthussorten gilt als Faustregel, dass die Sorte umso empfindlicher ist, je breiter die Blätter sind. Agapanthus campanulatus gehört zu den widerstandsfähigeren Arten. Er wird bis 90 cm hoch und bildet große, rundliche Blütendolden, die dunkel- oder blassblau, aber auch weiß sein können. Es gibt immergrünen Agapanthus, er ist in kühlen Ländern aber schwer zu überwintern.

PFLANZENPORTRÄTS

Aconitum carmichaelii 'Arendsii'

Anemone x hybrida 'Honorine Jobert' *mit* Dipsacus fullonum *und* Cosmos bipinnatus Sensation Mixed

Nur wenige Stauden sind so anspruchslos wie Herbstanemonen *(Anemone x hybrida)*. In alten, verlassenen Gärten, in denen Brombeerbüsche und Quecken alles andere erdrückt haben, kann man sie immer noch verschwenderisch blühen sehen – oft zusammen mit alten, gefüllten, roten Pfingstrosen. Das Blattwerk erscheint recht spät: kräftige, weinlaubähnliche Blätter in einem stumpfen Mattgrün. Von Sommer an bilden die Pflanzen dann eine erstaunliche Folge von Blüten mit bezaubernd einfacher Form. Die Kosmeen blühen wahrscheinlich schon vor den Anemonen, je nachdem, wann sie ausgepflanzt wurden und wie warm der Sommer ist. Die winzigen Blüten der Wilden Karde *(Dipsacus fullonum)*, die in Streifen um das Blütenköpfchen stehen, werden von den beiden anderen Pflanzen mühelos übertroffen. Doch die Karde blüht am längsten und ist auch dann noch schön, wenn von Anemonen und Kosmeen nichts mehr zu sehen ist.

Anemone x hybrida 'Honorine Jobert' (Herbstanemone)
Höhe *1,2-1,5 m*
Breite *45 cm*
Blütezeit *Spätsommer bis mittlerer Herbst*
Vorzüge *Kräftige Stängel, die keine Stützen brauchen. Bildet über lange Zeit reinweiße Blüten.*
Weitere Sorten *'Géante des Blanches' hat halb gefüllte, auf der Rückseite grün überlaufene, 'Königin Charlotte' große, halbgefüllte, rosa Blüten; A. hupehensis 'Hadspen Abundance' ist mit 90 cm niedriger und hat ungefüllte, dunkelrosa Blüten.*

Dipsacus fullonum (Wilde Karde)
Die Blüten sind winzig, aber die distelähnlichen Samenstände bleiben bis in den Winter hinein stehen. Frisch sind die Köpfchen blassgrün, wenn sie eintrocknen, werden sie gelblich braun und halten auch Frost stand. Raureif unterstreicht ihre Schönheit, denn er verwandelt die stacheligen Brakteen in funkelnde Schmuckstücke. Die Karde ist zweijährig und sät sich meist ohne Hilfe selbst aus.

Cosmos bipinnatus Sensation Mixed (Kosmee)
Einjährige Kosmeen, die man im Frühjahr aussät, brauchen Zeit, bis sie in voller Blüte stehen, daher sind sie oft im frühen Herbst am schönsten. Die Sensation-Serie bildet recht hohe Blütenstängel, so dass sie gut zur Herbstanemone passt. Vermeiden Sie einfarbig weiße Sorten, denn sie bieten nicht genug Kontrast zur Anemone. Eine bezaubernde Sorte heißt 'Sea Shells'. Ihre Blütenblätter sind wie Eiswaffeln aufgerollt.

PFLANZENPORTRÄTS

Anemone x *hybrida* 'Honorine Jobert'

HERBSTSTIMMUNG • PFLANZENPORTRÄTS

Canna x ehemanii *mit* Ricinus communis 'Impala' *und* Dahlia coccinea

Cannas sind tropische Pflanzen, die sich an Waldrändern heiß-feuchter Gegenden Südamerikas am wohlsten fühlen. In kühleren Ländern muss man sie wie Dahlien behandeln, die Rhizome also im Winter aus dem Boden nehmen und frostfrei lagern. Doch das ist der Mühe wert, nicht nur weil sie im Spätsommer herrlich blühen, sondern auch wegen der riesigen, paddelförmigen Blätter. *Canna x ehemanii* ist eine der faszinierendsten Sorten. Ihre glatten, glänzenden Blätter sind etwa 60 cm lang und etwa halb so breit. Wenn sie sprießen, sind sie fest zusammengerollt, wie eine Zigarre, und sie entfalten sich wie Bananenblätter. Die Blüten hängen elegant an den Stielen, anders als bei anderen Cannas, die gladiolenartige Blütenstände bilden. Die Farbe ist ein sattes Pink, das ausgezeichnet zu dunklem Magenta, rötlichem Pink oder Rotviolett passt. Die Canna blüht zur gleichen Zeit wie die Dahlie, daher ist es wichtig, die Farben aufeinander abzustimmen. Wenn Sie Cannas mit orangeroten Blüten oder gelb panaschierten Blättern vorziehen, sollten Sie sich eine andere Dahlie aussuchen.

Canna x ehemanii
Höhe *2 m*
Breite *60 cm*
Blütezeit *Hochsommer bis früher Herbst*
Vorzüge *Eine exotische Pflanze von stattlichem Wuchs. Blaugrüne, bis zu 90 cm lange Blätter. Für Cannas ungewöhnliche, hängende Blütenrispen in leuchtendem Pink.*
Weitere Sorten *C. glauca hat schmale, bereifte Blätter und zitronengelbe Blüten; 'Roi Humbert' hat leuchtend rote Blüten, 'Wyoming' bräunlich violette Blätter und orangefarbene Blüten.*

Ricinus communis 'Impala' (Rizinuspflanze)
In ihrer nordafrikanischen Heimat ist diese sehr schnell wachsende Pflanze ein immergrüner Strauch, aber in kühleren Klimata wird sie als exotische, blattreiche Einjährige gezogen. 'Impala' hat dunkelbronzeviolette Blätter, die wichtiger sind als die rötlichen Blüten. Farbe und Glanz der Blätter sind außergewöhnlich, vor allem wenn sie sich von anderen Exoten, wie Cannas, abheben.

Dahlia coccinea
Diese mexikanische Dahlienart wirkt leichter als die meisten anderen Sorten. Sie wird etwa 1,2 m hoch und bildet an verzweigten Stängeln ungefüllte, rote Blüten, die bis zum ersten Frost halten. Es handelt sich um eine bezaubernde, variable Dahlie, die in gemischten Pflanzungen bei weitem nicht so dominant wirkt wie die massigeren Hybriden.

Canna x ehemanii ▷

Cimicifuga simplex 'Brunette' *mit* Achillea 'Moonshine' *und* Salvia nemorosa 'Ostfriesland'

Alle drei Pflanzen haben ein großes Durchhaltevermögen. Sie lassen sich Zeit, aber schon vor der Blüte kann man sich an ihrem Blattwerk erfreuen. Das Trio könnte kaum unterschiedlicher sein: Die dunklen Blätterbüsche der Silberkerze (*Cimicifuga*) kontrastieren mit dem viel luftigeren, blasseren Blattwerk der Schafgarbe (*Achillea*). Die Blätter des Salbeis (*Salvia*) sind eher unscheinbar, aber sein blauer Blütenstand hebt sich von der Silberkerze ab – eine satte, kräftige Farbkombination. Vor dem Gelb der Schafgarbe wirkt das Blau viel klarer. Silberkerzen sind in feuchtem, nährstoffreichem Boden leicht zu ziehen, nehmen es aber übel, wenn sie von übereifrigen Gärtnern gestört werden. Schneiden Sie die abgeblühten Stängel im Spätherbst ab und mulchen Sie die Pflanzen im zeitigen Frühjahr gut. Viel mehr brauchen sie nicht.

Cimicifuga simplex 'Brunette' (Silberkerze)
Höhe *1-1,2 m*
Breite *60 cm*
Blütezeit *Früher bis mittlerer Herbst*
Vorzüge *Sehr schönes, weinrotes Blattwerk; schmale, cremefarbene, violett getönte Blütentrauben.*
Weitere Sorten *'Elstead' blüht mit am spätesten und hat dunkelgrüne Blätter und rotviolette Knospen, die sich zu cremeweißen Blüten öffnen; C. racemosa hat dunkelgrüne Blätter mit hohen, cremeweißen Blütenständen.*

Achillea 'Moonshine' (Schafgarbe)
Büsche aus fedrigem, graugrünem Blattwerk tragen große, flache, hellgelbe Blütenköpfe, die nicht ganz so blass sind wie bei Achillea 'Taygetea', einem Elternteil von 'Moonshine'. Die Pflanze wird in Höhe und Breite selten größer als 60 cm, aber möglicherweise muss man die Blütenstängel unauffällig mit Haselzweigen stützen. Die Blütezeit der Schafgarbe beginnt im Frühsommer und dauert bis zum Herbst.

Salvia nemorosa 'Ostfriesland' (Salbei)
Dieser Salbei hat eine sehr aufrechte Wuchsform und bildet viele verzweigte Blütenstängel mit tief violettblauen Blüten. Die Sorte ist nicht so hoch wie die Art und schon gar nicht so groß wie die Silberkerze, daher sollte man sie im Vordergrund der Gruppe pflanzen. Die Brakteen um die Blüten herum tragen die gleiche satte Farbe wie die Blüten selbst und bleiben noch lange stehen, wenn die Blüten schon abgefallen sind.

HERBSTSTIMMUNG • PFLANZENPORTRÄTS

Cyclamen hederifolium *mit* Adiantum aleuticum *und* Crocus tommasinianus

Es gibt nur wenige Pflanzen, von denen man nie zu viele haben kann. Das Herbstalpenveilchen (*Cyclamen hederifolium*) gehört dazu. Es hat den großen Vorzug, dass es an Standorten wächst, die andere Pflanzen meiden. Man kann es zum Beispiel zwischen die frei liegenden Wurzeln eines großen Baumes setzen oder mit ihm einen spätblühenden Teppich unter Sträuchern anlegen. Am Ende seiner Wachstumszeit zieht es ein und hinterlässt nur Samenhülsen. Die Blüten bilden sich vor den Blättern: Im Spätsommer sprießen sie aus der Erde und erscheinen bis zum Spätherbst. Sie sind wie kleine Wesen, die einem Sturm entgegenziehen, der zu stark für sie ist. Cyclamen sind nicht auffällig, aber sobald man sie im Garten hat, findet man merkwürdigerweise immer wieder einen Vorwand, nachzusehen, wie es ihnen geht. Zum Teil liegt ihre Anziehungskraft darin, dass es ihnen immer gut geht. Ungeziefer und Krankheiten gehen an ihnen vorüber. Die marmorierten Blätter erscheinen zusammen mit den letzten Blüten. Sie sehen immer noch gut aus, wenn die Frühlingskrokusse zwischen ihnen zu sprießen beginnen. Der Farn (*Adiantum*) spinnt einen sommerlichen Faden zwischen Krokussen und Alpenveilchen.

Cyclamen hederifolium (Alpenveilchen)
Höhe *10-13 cm*
Breite *15 cm*
Blütezeit *Mittlerer bis später Herbst.*
Vorzüge *Bezaubernde Blüten in verschiedenen Rosatönen; es gibt auch ein schönes, reines Weiß. Die Blätter halten sich lange, sind etwa dreieckig und prachtvoll silbern marmoriert.*
Weitere Sorten *Kein anderes Alpenveilchen ist so leicht zu ziehen und so wertvoll wie C. hederifolium; C. coum (siehe S. 28) blüht im Frühjahr; C. purpurascens hat vom Hoch- zum Spätsommer karminrote Blüten; von den anderen ist keine frosthart.*

Adiantum aleuticum (Frauenhaarfarn)
Diesen Laub abwerfenden oder halb immergrünen Farn kann man immer einsetzen. Er wird etwa 30 cm hoch und haben lange, dünne, steife, fast waagerechte Wedel. Die jungen Wedel sind kupferrosa und werden im Alter blassgrün. Er passt vorzüglich zu Herbstalpenveilchen und Krokussen, ist aber auch groß genug für Pflanzen wie Rodgersien. Eine derartige Gruppe hat zwar den größten Teil des Jahres über keine Blüten, aber die verschiedenen Stadien des Farns machen sie zu einem Blickfang.

Crocus tommasinianus
Dieser Krokus blüht sehr früh: vom Spätwinter bis ins zeitige Frühjahr. Das Blütenfarbenspektrum reicht von einem silbrigen Blasslila bis zu einem tiefen Violett. 'Barr's Purple' (siehe S. 106) gehört mit seinem satten Violett zu den besten Sorten. Wo es diesen Krokussen gefällt, vermehren sie sich reichlich durch Ableger und Selbstaussaat. Sie gedeihen auch in Gras, wenn diese nicht zu kräftig ist.

202 *Cyclamen hederifolium* ▷

HERBSTSTIMMUNG • PFLANZENPORTRÄTS

Dahlia 'Grenadier' *mit* Helianthus 'Gold and Silver' *und* Stipa gigantea

Immer noch kommt es ab und zu vor, dass Gärtner Dahlien spöttisch belächeln, weil sie diese Knollenpflanzen für gewöhnlich halten. Und selbst ihre glühendsten Verehrer müssen zugeben, dass manche ein übles Schwefelgelb zeigen. Die große Auswahl an Blütenformen und -farben kann verwirren, und man sollte sich gut überlegen, welche Sorten man pflanzt, denn ein kunterbuntes Durcheinander an Dahlien beeindruckt nicht, sondern irritiert nur. Hier ist eine gefüllte rote Dahlie mit Sonnenblumen kombiniert. Aufgelockert wird die Gruppe von den wogenden Samenständen des Riesenfedergrases (*Stipa gigantea*). Das Gras blüht als Erstes, während Dahlie und Sonnenblume (*Helianthus*) erst im Spätsommer beginnen, dann allerdings bis zum ersten Frost weiterblühen. Die Dahlien stammen aus Mexiko und sind frostempfindlich. Man sollte sie daher spätestens nach dem ersten leichten Bodenfrost abschneiden, die Knollen aus dem Boden nehmen und frostfrei und trocken lagern, zum Beispiel in einem Sandbett.

Dahlia 'Grenadier'
Höhe *1,1 m*
Breite *60 cm*
Blütezeit *Hochsommer bis Herbst*
Vorzüge *Herrlicher Schwung; glühende Farbe; dunkles Blattwerk; blüht bis zum ersten Frost.*
Weitere Sorten *'Hillcrest Royal' hat spitze, magentarote Blütenblätter; die Blüten von 'Hamari Gold' ähneln kreiselnden Sonnen; 'David Howard' hat satt orangefarbene Blüten vor bronzegrünem Blattwerk.*

Helianthus 'Gold and Silver' (Sonnenblume)
Diese einjährige Sonnenblume wächst unglaublich schnell und überragt die Dahlie, aber nicht zu sehr. Echte Riesen wie 'Taiyo', die bis zu 3 m hoch werden, würden hier nicht passen. 'Gold and Silver' hat goldene Blüten und silbriges Blattwerk. Eine sattere Farbgebung erhält man mit der mahagonifarbenen Sorte 'Prado Red', die bis zu 1,5 m hoch wird und eine Vielzahl von Blüten trägt.

Stipa gigantea (Riesenfedergras)
Dieses Gras ist in Spanien und Portugal beheimatet. Es bildet dichte, etwa 70 cm hohe Büsche, die das Unkraut unterdrücken. Daraus erheben sich elegante Stängel mit haferähnlichen Blüten, die bis zu 2,5 m hoch werden. Anfangs sind sie violettgrün, später bleichen sie zu einem sanften Strohgelb aus. Trotz ihrer Höhe brauchen sie keine Stützen.

PFLANZENPORTRÄTS

Dahlia 'Grenadier'

HERBSTSTIMMUNG • PFLANZENPORTRÄTS

Geranium wallichianum 'Buxton's Variety'
mit Cleome hassleriana 'Violet Queen' *und* Colchicum agrippinum

In dieser Auswahl dominieren Blau und ins Violette gehende Rosatöne, doch Sie können auch andere Sorten wählen und die Farbpalette so mehr in Richtung Rosa oder Weiß beeinflussen. Wenn Sie den Storchschnabel (*Geranium*) 'Buxton's Variety' nehmen, stehen alle drei Pflanzen gleichzeitig in Blüte, ein Storchschnabel wie 'Mrs Kendall Clark' (*siehe unten rechts*) dagegen würde bereits im Frühsommer aufblühen. Herbstzeitlose (*Colchicum*) besitzen recht grobes Blattwerk, das große, dichte Büschel bildet. Die Blätter von *Colchicum agrippinum* allerdings sind weniger massig als die der häufiger angepflanzten Sorte 'Autumn Queen'. Der Storchschnabel 'Buxton's Variety' wandert mit seinen langen, kriechenden Trieben auch gern in andere Pflanzengruppen hinein. Sorgen Sie dafür, dass er die sprießenden Herbstzeitlosen nicht bedeckt. Die Spinnenpflanze (*Cleome*) überragt die beiden anderen Pflanzen, doch der Storchschnabel kann in sie hineinranken, was sehr hübsch aussieht.

Geranium wallichianum **'Buxton's Variety' (Storchschnabel)**
Höhe *30 cm*
Breite *1,2 m*
Blütezeit *Spätsommer bis Herbst*
Vorzüge *Attraktiv gelappte und gezähnte Blätter. Himmelblaue Blüten mit weißer Mitte. Breitet sich stark aus, die Triebe bilden aber keine Wurzeln.*
Weitere Sorten *'Ann Folkard' hat magentarote Blüten mit schwarzer Mitte; G. himalayense 'Gravetye' entwickelt blaue Blüten und eine schöne Herbstfärbung; 'Johnson's Blue' bildet tellerförmige, blaue Blüten, doch nur im Sommer; G. x magnificum hat satt violettblaue Blüten, doch nur im Hochsommer; G. pratense 'Mrs Kendall Clark' hat im Frühsommer gestreifte, blaugraue Blüten an hohen Stängeln.*

Cleome hassleriana 'Violet Queen' (Spinnenpflanze)
Diese einjährige Spinnenpflanze wächst sehr rasch, so dass sie wie eine Staude wirkt. Die gefingerten Blätter sind besonders schön. Wenn die Pflanze gut gedeiht, erreichen die Blütenstängel 1,5 m Höhe. An den langen, herausragenden Staubblättern, den »Spinnenbeinen«, bilden sich später die Samenkapseln. Spinnenpflanzen decken die Rosa- und Violetttöne des Farbspektrums ab. 'Violet Queen' ist tief Rosaviolett.

Colchicum agrippinum (Herbstzeitlose)
Die Knospen sprießen im Herbst und werden zu eleganten, langstieligen Blütenkelchen. Die Blätter folgen erst viel später und überdauern in großen Büscheln bis zum Hochsommer des nächsten Jahres. Die Blüten dieser Sorte sind 8–10 cm hoch und ähnlich wie Schachbrettblumen in dunklem Violettrosa und einem helleren Farbton gemustert.

206

Geranium wallichianum 'Buxton's Variety' ▷

HERBSTSTIMMUNG • PFLANZENPORTRÄTS

Nerine bowdenii *mit* Papaver rhoeas 'Mother of Pearl' *und* Aster x frikartii 'Mönch'

In dieser Gruppe blüht die Nerine als Letzte auf. Die Blütezeit des Mohns (*Papaver*) beginnt im Hochsommer, und als nächste Pflanze blüht dann die Aster. Sie steht noch in Blüte, wenn die Nerine erscheint. Dieses Trio hat insgesamt also eine lange Blütezeit. Die Nerine stammt aus Südafrika und ist nicht völlig frosthart. Am besten pflanzt man sie daher an den Fuß einer sonnigen Mauer. Setzen Sie die Zwiebeln nicht zu tief, so dass sie mit den Spitzen eben noch aus der Erde schauen. Die riemenförmigen Blätter erscheinen wie bei den Herbstzeitlosen (*Colchicum*) erst nach den Blüten und sterben nicht vor dem folgenden Sommer ab. Der Klatschmohn (*Papaver rhoeas*) ist wunderschön, doch weil er daran gewöhnt ist, sich an Getreide anlehnen zu können, muss man ihn vielleicht unauffällig stützen. Säen Sie ihn schon im Herbst aus, nicht erst im Frühling. Am einfachsten ist es, ihn gleich an Ort und Stelle zu säen.

Nerine bowdenii
Höhe *45 cm*
Breite *8 cm*
Blütezeit *Herbst*
Vorzüge *Rundliche Köpfe mit rosafarbenen, trompetenförmigen Blüten wie kleine Lilien; blüht spät, wenn viele andere Pflanzen verblüht sind.*
Weitere Sorten *N. sarniensis 'Alba' hat reinweiße Blüten und tiefgrüne Blätter, kann an Standorten mit durchlässigem Boden im Freien gezogen werden.*

Papaver rhoeas 'Mother of Pearl' (Klatschmohn)
Diese Klatschmohnsorte wurde von dem Maler Sir Cedric Morris in seinem Garten in Benton End in Suffolk gezüchtet. Aus dem gewöhnlichen roten Klatschmohn zauberte er eine Sorte mit zum Teil gefüllten, grauen, zartrosa und lavendelfarbenen Blüten. Sie wirken ein wenig wie Seidenpapier, das im Regen liegen geblieben ist. Unter guten Bedingungen sät dieser Mohn sich reichlich selbst aus. Kennzeichnen Sie die schönsten Blüten und lassen Sie nur diese zur Aussaat kommen.

Aster x frikartii 'Mönch'
Eine der besten Asternsorten, die von Hochsommer bis Herbst in Blüte steht. Sie wurde um 1920 von M. Frikart in der Schweiz gezüchtet und nach dem Hausberg Mönch benannt. Die Blüten sind so blau, wie Asternblüten nur sein können, und haben eine flauschige, erhabene Mitte. Die Stängel werden zwar bis zu 70 cm hoch, brauchen aber keine Stützen.

PFLANZENPORTRÄTS

Nerine bowdenii

Polypodium interjectum 'Cornubiense' *mit* Hosta 'Vera Verde' *und* Meconopsis cambrica

Der Gemeine Tüpfelfarn *(Polypodium vulgare)* ist schlicht: Er besteht aus steifen Mittelrippen, aus denen in regelmäßigen Abständen einfache Blättchen sprießen. Doch es gibt viele Abwandlungen, darunter auch *Polypodium cambricum*, der 1668 in Südwales entdeckt wurde und 'Cornubiense', der sich aber hervorragend als Bodendecker eignet. Die Wedel sind breiter als die des Gemeinen Tüpfelfarns, leuchten in einem frischen Grün und sind so filigran, dass sie wie Spitze wirken. Sie entfalten sich im Spätsommer, wenn andere Pflanzen schon welk und verstaubt aussehen. Mit den fleischigen, oberirdisch kriechenden Rhizomen besiedelt er schnell sonnige oder halbschattige Stellen im Garten. Dieser Farn findet sich mit recht trockenen Standorten ab, wächst jedoch erwartungsgemäß in feuchtem, nährstoffreichem Boden üppiger. Er gedeiht in jeder Gesellschaft, besonders gut aber passt er zu Funkien. Die zart geteilten Wedel bilden einen ausdrucksvollen Kontrast zu den großen, fleischigen Blättern der Funkie *(Hosta)* 'Vera Verde'. Der Scheinmohn *(Meconopsis)* öffnet seine Blüten von Frühsommer bis Frühherbst.

Polypodium interjectum 'Cornubiense' (Tüpfelfarn)
Höhe *30-40 cm*
Breite *30-40 cm*
Vorzüge *Immergrün; ausgezeichneter Bodendecker, vor allem an etwas schwierigen, trockenen Stellen; die neuen Blätter erscheinen im Spätsommer.*
Weitere Sorten *P.* cambricum *bildet die neuen Wedel ebenfalls im Spätsommer, sie sterben aber im Frühjahr ab; P.* cambricum *'Cristatum' bildet gekräuselte Spitzen an Wedeln und Fiedern.*

Hosta 'Vera Verde' (Funkie)
Die Funkie in dieser Gruppe ist so klein, dass sie zum Tüpfelfarn und zum Scheinmohn passt. Die Blätter sind matt mittelgrün und haben schmale, cremeweiße Ränder. Die blass malvenrosa Blüten weisen dunkler violette Streifen auf. Wie die meisten Funkien gedeiht sie besser im Halbschatten, was den Scheinmohn und den Farn aber überhaupt nicht stört.

Meconopsis cambrica (Scheinmohn)
Dieser Scheinmohn ist nicht so prächtig wie die blau blühende Meconopsis *aus dem Himalaja, aber die Staude sät sich, ähnlich wie der einjährige Klatschmohn, selbst aus und bietet, anders als der Klatschmohn, bezaubernde Blüten in Orange- und Gelbtönen. Nützlich ist auch, dass die Pflanze im Schatten und in der Sonne gleich gut gedeiht. Sie wird selten höher als 45 cm. Die bläulich grünen Blätter sind tief geteilt.*

PFLANZENPORTRÄTS

Polypodium interjectum 'Cornubiense'

211

HERBSTSTIMMUNG • PFLANZENPORTRÄTS

Verbena bonariensis *mit* Tagetes 'Vanilla' *und* Brassica oleracea 'Redbor'

Die meisten Stauden brauchen eine Weile, um ihre Blätter zu entwickeln, bevor sie zur Blüte kommen, *Verbena bonariensis* jedoch blüht sehr rasch. Der größte Teil der Blätter ist in einer grundständigen Rosette versammelt. Daraus erhebt sich ein hoher, dünner, verzweigter Stängel. Man wird dieser Verbene nie überdrüssig, denn sie ist zart, ohne sich vom Zierkohl (*Brassica*) in dieser Gruppe überwältigen zu lassen. Man braucht sie nicht einmal auszuputzen, denn die Blüten setzen nacheinander an der gleichen Stelle an. Die Pflanzen säen sich selbst aus, sie bleiben also im Garten, wenn man sie einmal eingeführt hat. Auch wenn sie im Vordergrund einer Pflanzung keimen, sind sie willkommen, denn ihre Stängel sind so dünn, dass man hindurchsehen kann wie durch einen Perlenvorhang. Der Kohl gibt der Gruppe Substanz. Er ist relativ frosthart und übersteht den Winter meistens, während die Tagetes, die die Sonne lieben, erfrieren. Auch andere Gemüse, farbiger Mangold etwa, sehen in Pflanzungen mit Sommerblumen gut aus.

Verbena bonariensis
Höhe *Bis 2 m*
Breite *45 cm*
Blütezeit *Hochsommer bis Frühherbst*
Vorzüge *Anmutige Wuchsform, lauter Stängel, keine Blätter. Blütenköpfe sind dicht mit winzigen, violetten Blüten besetzt. Sie blühen einzeln auf, so dass die Blütezeit sehr lang ist.*
Weitere Sorten *Keine andere Verbene wächst so aufrecht; es gibt aber viele hübsche, bedingt frostharte Sorten wie 'Lawrence Johnston' mit leuchtend roten Blüten und 'Sissinghurst', eine kriechende Sorte mit magentarosa Blüten.*

Tagetes 'Vanilla' (Afrikanische Tagetes)
Es gibt viele afrikanische und französische Tagetessorten, die zu dem satten Violett von Verbene und Kohl passen würden, am besten aber sind hohe Sorten mit großen Blüten in kalten Gelbtönen. Orangefarbene und gestreifte Blüten würden einen zu starken Kontrast zum Violett bilden. 'Vanilla' wird bis zu 35 cm hoch und blüht von Frühsommer bis Spätherbst blassgelb.

Brassica oleracea 'Redbor' (Zierkohl)
Dieser Kohl ist nicht die einzige Gemüseart, die so hübsch ist, dass man sie im Blumengarten einsetzen kann. Salat mit dunklen, gekräuselten Blättern sieht in gemischten Pflanzungen ebenfalls gut aus. Aber dieser Zierkohl, eine F1-Hybride, wirkt neben der Verbene nicht zu klein, und die gefältelten, violettroten Blätter sind sehr dekorativ. Man sät ihn in Reihen aus und pflanzt die Jungpflanzen dann später mit einem guten Ballen an Ort und Stelle.

PFLANZENPORTRÄTS

Verbena bonariensis

213

IN DEN VORHERGEHENDEN KAPITELN wurden für jede Jahreszeit besonders empfehlenswerte Pflanzen mit jeweils zwei idealen Partnern vorgestellt. Die Kombinationen sind so gewählt, dass sie entweder ganzjährig einen Blickfang abgeben oder, wenn die Blütezeiten zusammenfallen, kurzzeitig ein farbenprächtiges

Alternative Kombinationen

Feuerwerk bieten. Die vorgestellten Pflanzentrios sind für alle Standorte und Böden sowie für alle Gartentypen gedacht. Vielleicht regen Sie sie auch dazu an, neue Pflanzkombinationen zu entwerfen, die Ihren ganz besonderen Vorlieben entsprechen. In den folgenden Listen sind weitere gute Partner für die besonders empfehlenswerten Pflanzen aufgeführt, alphabetisch geordnet.

Faszinierende Blätter
An kontrastierendem Blattwerk hat man im Garten lange Freude. Hier wurde die panaschierte Mariendistel (Silybum marianum) *mit den fadendünnen Blättern des Fenchels* (Foeniculum) *kombiniert.*

ALTERNATIVE KOMBINATIONEN

Aconitum carmichaelii
'Arendsii'
(S. 194) mit ...

Aster novae-angliae 'Pink Lace'
Cimicifuga simplex
Dipsacus fullonum
Helenium autumnale
Helianthus 'Capenoch Star'
Kniphofia triangularis
Leucanthamella serotina
Macleaya 'Spetchley Ruby'
Persicaria orientalis
Phlox paniculata 'White Admiral'
Rudbeckia hirta 'Indian Summer'
Sinacalia tangutica (Syn. Senecio tanguticus)

Allium giganteum
(S. 138) mit ...

Agapanthus caulescens
Anemone x hybrida 'Honorine Jobert'
Artemisia stelleriana
Aster sedifolius
Bartiris
Cerinthe major 'Purpurascens'
Chaerophyllum hirsutum 'Roseum'
Eremurus x isabellinus 'Cleopatra'
Gladiolus communis ssp. byzantinus
Lupinus (blau)
Nepeta 'Six Hills Giant'
Nigella damascena
Paeonia mascula ssp. arietina
Papaver somniferum
Polemonium caeruleum 'Brise d'Anjou'
Salvia viridis 'Blue Beard'
Sedum spectabile
Silene dioica 'Flore Pleno'
Smyrnium perfoliatum
Zigadenus elegans

Anemone x *hybrida*
'Honorine Jobert'
(S. 196) mit ...

Ageratum 'Blue Horizon'
Allium cristophii
Athyrium filix-femina
Crocus chrysanthus 'Zwanenburg Bronze'
Iris 'Purple Sensation'
Lamium maculatum 'White Nancy'
Lilium pyrenaicum
Salvia involucrata 'Bethellii'
Tulipa 'Abba'
Verbena bonariensis

215

ALTERNATIVE KOMBINATIONEN

Aquilegia vulgaris
'Nora Barlow'
(S. 70) mit …

Allium giganteum
Anemone coronaria 'Lord Lieutenant'
Antirrhinum 'White Wonder'
Bartiris
Campanula persicifolia 'Pride of Exmouth'
Colchicum 'Lilac Wonder'
Crocus corsicus
Dianthus deltoides
Digitalis (weiß)
Dicentra formosa
Ferula communis
Geranium 'Ann Folkard'
Gypsophila repens 'Dorothy Teacher'
Hyacinthus orientalis 'Carnegie'
Lupinus
Myosotis sylvatica 'Ultramarine'
Narcissus 'Ice Wings'
Nepeta 'Souvenir d'André Chaudron'
Tulipa 'Couleur Cardinal'

Arum italicum 'Marmoratum'
(S. 24) mit …

Astilbe x arendsii 'Brautschleier'
Fritillaria meleagris
Galanthus elwesii
Gentiana asclepiadea
Geranium cinereum 'Ballerina'
Helleborus orientalis
Iris foetidissima var. citrina
Meconopsis cambrica
Milium effusum 'Aureum'
Narcissus 'Cedric Morris'
Polypodium cambricum 'Cambricum'
Primula vulgaris
Ranunculus 'Brazen Hussy'
Scilla bithynica

Asplenium scolopendrium
(S. 26) mit …

Anemone blanda 'White Splendour'
Asarum europaeum
Athyrium filix-femina
Carex oshimensis 'Evergold'
Crocus banaticus
Cyclamen hederifolium
Hosta crispula
Narcissus 'Jenny'
Polygonatum x hybridum
Scilla siberica

ALTERNATIVE KOMBINATIONEN

Astrantia major 'Shaggy'
(S. 140) mit …

Campanula latiloba
'Hidcote Amethyst'
(S. 142) mit …

Canna x *ehemanii*
(S. 198) mit …

Asplenium scolopendrium
Cardamine pratensis 'Flore Pleno'
Cimicifuga simplex Atropurpurea-Gruppe
Iris 'Golden Harvest'
Lagurus ovatus
Narcissus 'Saint Keverne'
Nicotiana x sanderae 'Fragrant Cloud'
Primula vulgaris Barnhaven Blues-Gruppe
Pulmonaria 'Lewis Palmer'
Scilla bifolia
Viola riviniana Purpurea-Gruppe

Achillea 'Moonshine'
Aruncus dioicus
Euphorbia palustris
Galega orientalis
Lavatera trimestris 'Mont Blanc'
Lilium candidum
Lilium x testaceum
Peonia lactiflora 'Festiva Maxima'
Pimpinella major 'Rosea'
Tulipa 'Estella Rijnveld'

Amaranthus 'Intense Purple'
Arundo donax var. *versicolor*
Cortaderia selloana 'Pumila'
Cosmos bipinnatus 'Dazzler'
Cynara cardunculus
Dahlia 'Alltami Corsair'
Dahlia 'Wittemans Superba'
Leymus arenarius
Lobelia 'Dark Crusader'
Phormium 'Sundowner'
Plectranthus argentatus
Ricinus communis 'Carmencita'
Salvia involucrata 'Bethellii'
Salvia uliginosa
Schizostylis coccinea
Stipa tenuissima
Tulipa 'Alabaster'
Verbena bonariensis
Zinnia Allsorts

ALTERNATIVE KOMBINATIONEN

Cerinthe major 'Purpurascens' *(S. 144)* mit …

Allium carinatum ssp. *pulchellum*
Anemone coronaria 'The Admiral'
Camassia leichtlinii
Crocus chrysanthus 'Blue Pearl'
Fritillaria persica 'Adiyaman'
Gladiolus communis ssp. *byzantinus*
Hordeum jubatum
Iris 'H. C. van Vliet'
Narcissus x *odorus* 'Double Campernelle'
Osteospermum 'Buttermilk'
Smyrnium perfoliatum

Cimifuga simplex 'Brunette' *(S. 200)* mit …

Aconitum carmichaelii
Argyranthemum 'Jamaica Primrose'
Aster ericoides
Astilbe x *arendsii* 'Brautschleier'
Darmera peltata (syn. *Peltiphyllum peltatum*)
Dipsacus fullonum
Francoa sonchifolia
Iris pseudacorus 'Variegata'
Kniphofia galpinii
Persicaria amplexicaulis 'Alba'

Convallaria majalis *(S. 72)* mit …

Galanthus 'John Gray'
Hepatica nobilis
Hyacinthoides non-scripta
Iris 'Grapesicle'
Lunaria annua
Matteuccia struthiopteris
Muscari armeniacum 'Blue Spike'
Myosotis
Primula denticulata
Pulmonaria saccharata

ALTERNATIVE KOMBINATIONEN

Crambe cordifolia
(S. 74) mit ...

Canna 'Durban'
Dahlia 'Rip City'
Delphinium 'Emily Hawkins'
Epilobium hirsutum 'Well Creek'
Foeniculum vulgare 'Purpureum'
Osmunda regalis 'Purpurascens'
Papaver orientale Goliath-Gruppe
Pennisetum alopecuroides 'Hameln'
Romneya coulteri
Tulipa 'Halcro'
Verbascum olympicum

Crocosmia 'Lucifer'
(S. 146) mit ...

Allium cristophii
Artemisia stelleriana 'Boughton Silver'
Aster sedifolius
Atriplex hortensis var. rubra
Bupleurum falcatum
Coreopsis verticillata
Dahlia 'Tally Ho'
Eryngium x oliverianum
Foeniculum vulgare
Hemerocallis 'Green Flutter'
Kniphofia rooperi
Kniphofia uvaria 'Nobilis'
Papaver commutatum
Physalis alkekengi var. franchetii
Ranunculus ficaria 'Brazen Hussy'
Sanguisorba tenuifolia 'Alba'

Cyclamen coum
(S. 28) mit ...

Anemone blanda 'Ingramii'
Crocus tommasinianus
Epimedium grandiflorum
Fritillaria pyrenaica
Helleborus argutifolius
Iris 'Apollo'
Muscari armeniacum 'Blue Spike'
Narcissus 'Hawera'
Saxifraga x urbium
Tulipa humilis

ALTERNATIVE KOMBINATIONEN

Cyclamen hederifolium
(S. 202) mit ...

Anemone blanda 'Ingramii'
Anomatheca laxa
Asplenium scolopendrium Crispum-Gruppe
Blechnum penna-marina
Brimeura amethystina
Chionodoxa forbesii 'Pink Giant'
Corydalis solida
Eranthis hyemalis
Erythronium californicum
Fritillaria michailovskyi
Galanthus reginae-olgae 'Cambridge'
Geranium wallichianum 'Buxton's Variety'
Iris reticulata 'Harmony'
Leucojum vernum
Muscari comosum 'Plumosum'
Narcissus 'Jumblie'
Ornithogalum nutans
Oxalis triangularis
Scilla bifolia
Triteleia laxa

Dahlia 'Grenadier'
(S. 204) mit ...

Amaranthus caudatus
Arundo donax var. *versicolor*
Aster lateriflorus 'Horizontalis'
Canna 'Roi Humbert'
Dipsacus fullonum
Iris 'Royal Yellow'
Kniphofia 'Bees Sunset'
Ricinus communis
Rudbeckia amplexicaulis
Salvia guaranitica 'Blue Enigma'
Verbena bonariensis

Delphinium grandiflorum 'Blue Butterfly'
(S. 148) mit ...

Crocus chrysanthus 'Cream Beauty'
Hemerocallis lilioasphodelus
Iris reticulata 'Harmony'
Lilium Pink Perfection-Gruppe
Nigella hispanica
Paeonia lactiflora 'Lady Alexandra Duff'
Papaver orientale 'Aglaja'
Scrophularia auriculata 'Variegata'
Thalictrum speciosissimum
Tulipa 'Grönland'

ALTERNATIVE KOMBINATIONEN

Dianthus 'Dad's Favourite'
(S. 150) *mit* …

Agapanthus campanulatus ssp. patens
Anagallis monellii ssp. linifolia
Aquilegia 'Hensol Harebell'
Armeria juniperifolia 'Bevan's Variety'
Aubrieta x cultorum 'Joy'
Crocus chrysanthus 'E. A. Bowles'
Gladiolus callianthus 'Murieliae'
Lagurus ovatus
Phlox douglasii 'Boothman's Variety'
Triteleia laxa 'Königin Fabiola'
Tulipa eichleri (syn. T. undulatifolia)

Dicentra »Stuart Boothman«
(S. 76) *mit* …

Actaea spicata
Aegopodium podagraria 'Variegatum'
Anemone x hybrida 'Profusion'
Colchicum 'Waterlily'
Cyclamen hederifolium
Epimedium grandiflorum 'Nanum'
Euphorbia polychroma
Gentiana asclepiadea
Gladiolus tristris
Glaucidium palmatum
Hosta undulata var. albomarginata (syn. H. 'Thomas Hogg')
Kirengeshoma palmata
Lilium formosanum
Meconopsis x sheldonii 'Slieve Donard'
Milium effusum 'Aureum'
Nomocharis aperta
Polygonatum x hybridum
Primula 'Bronwyn'
Primula capitata ssp. mooreana

Digitalis purpurea
Excelsior-Gruppe
(S. 152) *mit* …

Anemone x hybrida 'September Charm'
Cimicifuga simplex 'Brunette'
Geranium 'Ann Folkard'
Hosta undulata var. univittata
Ligularia przewalskii
Lilium 'Rosemary North'
Matteuccia struthiopteris
Miscanthus sinensis 'Silberfeder'
Primula beesiana
Rodgersia podophylla

ALTERNATIVE KOMBINATIONEN

Dryopteris wallichiana
(S. 78) mit …

Eryngium giganteum
(S. 154) mit …

Erythronium 'Pagoda'
(S. 30) mit …

Asarum europaeum
Asplenium scolopendrium
Athyrium niponicum var. *pictum*
Begonia grandis ssp. *evansiana*
Cyrtomium falcatum
Galanthus 'Magnet'
Hosta sieboldiana
Matteuccia struthiopteris
Meconopsis cambrica
Polystichum setiferum
Pulmonaria saccharata Argentea Gruppe
Saxifraga fortunei
Scilla mischtschenkoana 'Tubergeniana'
Sinacalia tangutica
Trillium grandiflorum 'Flore Pleno'

Anthemis tinctoria 'E. C. Buxton'
Asphodeline liburnica
Coreopsis verticillata 'Grandiflora'
Crambe maritima
Crocosmia x *crocosmiiflora* 'Solfaterre'
Geranium pratense 'Plenum Violaceum'
Gillenia trifoliata
Hemerocallis 'Stella d'Oro'
Lychnis coronaria
Narcissus cyclamineus
Osteospermum 'Pink Whirls'
Phlomis russeliana
Romneya coulteri

Ajuga reptans 'Catlin's Giant'
Arum italicum 'Marmoratum'
Crocus cartwrightianus
Kirengeshoma palmata
Lamium maculatum 'Beacon Silver'
Matteuccia struthiopteris
Omphalodes cappadocica
Primula chionantha
Pulmonaria angustifolia
Scilla bifolia

ALTERNATIVE KOMBINATIONEN

Eschscholzia californica
(S. 156) mit …

Armeria maritima 'Alba'
Campanula glomerata 'Superba'
Crocus chrysanthus 'Snow Bunting'
Dianthus 'Haytor White'
Hyacinthus 'Hollyhock'
Iris 'Hildegarde'
Lagurus ovatus
Pennisetum villosum
Tulipa humilis 'Persian Pearl'

Euphorbia characias
(S. 80) mit …

Asarum europaeum
Bergenia cordifolia 'Purpurea'
Galanthus 'S. Arnott'
Helleborus niger
Helleborus orientalis
Hosta 'Jade Cascade'
Iris histrioides 'Major'
Kniphofia 'Alcazar'
Miscanthus sinensis 'Adagio'
Narcissus 'Barnum'
Romneya coulteri
Rudbeckia 'Herbstsonne'
Salvia uliginosa
Tulipa 'Queen of Sheba'

Euphorbia myrsinites
(S. 32) mit …

Antirrhinum majus 'Black Prince'
Bergenia stracheyi
Campanula portenschlagiana
Crocus angustifolius
Eryngium bourgatii
Lamium maculatum
Milium effusum 'Aureum'
Persicaria virginiana 'Painter's Palette' (syn. *Tovara*)
Scilla bifolia
Tulipa 'Bellona'

ALTERNATIVE KOMBINATIONEN

Geranium psilostemon
(S. 158) mit …

Agapanthus (weiß)
Allium giganteum
Alstroemeria ligtu-Hybride
Anthemis punctata ssp. cupaniana
Anthericum liliago
Aquilegia vulgaris 'William Guiness'
Artemisia absinthium 'Lambrook Mist'
Arundo donax
Camassia leichtlinii ssp. leichtlinii
Crambe cordifolia
Crocus speciosus
Dicentra 'Langtrees'
Eryngium alpinum
Hedychium densiflorum
Lilium pyrenaicum
Matthiola incana (Brompton-Gruppe)
Polemonium 'Lambrook Mauve'

Geranium wallichianum 'Buxton's Variety'
(S. 206) mit …

Allium caeruleum
Alstroemeria ligtu-Hybride
Anthemis sancti-johannis
Anthericum liliago
Aquilegia 'Hensol Harebell'
Artemisia absinthium 'Lambrook Mist'
Camassia leichtlinii ssp. leichtlinii
Clematis integrifolia
Crambe cordifolia
Dicentra 'Langtrees'
Eryngium alpinum
Gladiolus 'The Bride'
Hedychium densiflorum
Hemerocallis 'Golden Chimes'
Iris reticulata
Lilium pyrenaicum
Ranunculus acris 'Stevenii'
Sedum 'Ruby Glow'
Sisyrinchium striatum
Thermopsis rhombifolia var. montana

Gladiolus communis ssp. *byzantinus*
(S. 82) mit …

Allium schubertii
Aquilegia vulgaris 'Magpie'
Baptisia australis
Cerinthe major 'Purpurascens'
Clematis recta 'Purpurea'
Foeniculum vulgare 'Purpureum'
Geranium 'Bertie Crûg'
Iris x *robusta* 'Gerald Darby'
Lunaria annua
Matthiola incana (Brompton-Gruppe)
Myosotis sylvestris
Nectaroscordum siculum
Nerine bowdenii
Paeonia lactiflora 'Marie Lemoine'
Phlox paniculata 'Eventide'
Silybum marianum
Smyrnium perfoliatum
Tulipa 'Bleu Aimable'

ALTERNATIVE KOMBINATIONEN

Helenium
'Moerheim Beauty'
(S. 160) mit ...

Aconitum carmichaelii 'Kelmscott'
Amaranthus caudatus
Canna 'Durban'
Cimicifuga racemosa 'Purpurea'
Kniphofia rooperi
Lobelia 'Dark Crusader'
Macleaya cordata
Physalis alkekengi var. *franchetii*
Salvia x *superba*
Stipa tenuissima
Tulipa 'Madame Lefeber'

Helleborus orientalis
(S. 34) mit ...

Aconitum x *cammarum* 'Bicolor'
Arum italicum 'Marmoratum'
Crocus tommasinianus 'Ruby Giant'
Epimedium grandiflorum 'Nanum'
Eranthis hyemalis 'Guinea Gold'
Euphorbia characias ssp. *wulfenii*
Galanthus 'Atkinsii'
Milium effusum 'Aureum'
Narcissus 'February Gold'
Primula frondosa

Hemerocallis 'Citrina'
(S. 162) mit ...

Alstroemeria aurea
Echinops ritro
Eryngium x *oliverianum*
Geranium 'Johnson's Blue'
Lupinus
Narcissus 'Geranium'
Phlox paniculata
Ricinus communis 'Carmencita'
Rudbeckia 'Goldquelle'
Salvia farinacea 'Victoria'

ALTERNATIVE KOMBINATIONEN

Hosta 'Krossa Regal'
(S. 164) mit ...

Anemone hupehensis 'Prinz Heinrich'
Astelia chathamica
Astilboides tabularis
Athyrium filix-femina
Delphinium 'Gillian Dallas'
Echinacea purpurea
Filpendula rubra 'Venusta'
Helianthus decapetalus 'Triomphe de Gand'
Helleborus argutifolius
Heuchera americana 'Dale's Strain'
Kirengeshoma palmata
Lilium 'Rosemary North'
Persicaria amplexicaule 'Atrosanguinea'
Phlox paniculata 'Le Mahdi'
Rodgersia pinnata 'Elegans'
Smilacina racemosa
Stachys byzantina 'Primrose Heron'
Stipa tenuissima
Veratrum album
Verbascum chaixii 'Cotswold Beauty'

Hyacinthus orientalis 'King Codro'
(S. 36) mit ...

Antirrhinum 'Night and Day'
Aquilegia coerulea
Euphorbia amygdaloides var. robbiae
Geranium cinereum var. subcaulescens 'Splendens'
Hemerocallis 'Stoke Poges'
Hosta 'Francee'
Iris 'Casa Blanca'
Lathyrus vernus
Narcissus 'Baby Moon'
Tulipa 'Berlioz'

Iris 'Jane Phillips'
(S. 84) mit ...

Allium hollandicum 'Purple Sensation'
Aster cordifolius 'Chieftain'
Crocus tommasinianus
Dactylorhiza elata
Dicentra spectabilis 'Alba'
Eremurus aitchisonii 'Albus'
Euphorbia nicaeensis
Hemerocallis lilioasphodelus
Lamium orvala
Lysimachia ciliata 'Firecracker'
Tulipa 'China Pink'

ALTERNATIVE KOMBINATIONEN

Iris sibirica
(S. 86) mit ...

Aster novae-angliae 'Barr's Violet'
Astrantia major 'Hadspen Blood'
Eupatorium rugosum 'Chocolate'
Euphorbia griffithii
Francoa sonchifolia 'Dr Tom Smith'
Galega 'His Majesty'
Geranium pratense Victor Reiter-Gruppe
Hemerocallis 'Corky'
Heuchera 'Raspberry Regal'
Hosta 'Frances Williams'
Inula acaulis
Knautia macedonica
Kniphofia 'Drummore Apricot'
Lathyrus vernus 'Spring Melody'
Leucanthemum x superbum 'Fiona Coghill'
Lilium lancifolium
Mertensia pulmonarioides
Osteospermum 'Joe Elliott'
Papaver orientale 'Cedric Morris'
Penstemon 'Alice Hindley'
Tulipa 'Bleu Aimable'

Leucojum aestivum
'Gravetye Giant'
(S. 38) mit ...

Anemone blanda 'White Splendour'
Corydalis flexuosa 'Père David'
Epimedium x versicolor 'Neosulphureum'
Euphorbia dulcis 'Chameleon'
Helleborus orientalis
Matteuccia struthiopteris
Scilla bifolia
Tulipa linifolia Batalinii-Gruppe 'Bronze Charm'
Valeriana phu 'Aurea'
Viola 'Beshlie'

Lilium regale
(S. 166) mit ...

Antirrhinum majus 'Black Prince'
Campanula lactiflora 'Superba'
Cosmos bipinnatus
Delphinium 'Emily Hawkins'
Eucomis pole-evansii
Paeonia cambessedesii
Phlox paniculata 'Eventide'
Polemonium foliosissimum
Primula florindae
Tulipa 'Alfred Cortot'
Veratrum nigrum

ALTERNATIVE KOMBINATIONEN

Narcissus 'Quail'
(S. 40) mit ...

Athyrium niponicum var. *pictum*
Danae racemosa
Doronicum orientale
Eryngium alpinum 'Amethyst'
Erythronium californicum 'White Beauty'
Helleborus argutifolius
Hemerocallis 'Beloved Returns'
Hyacinthus orientalis 'Ostara'
Iris histriodes 'Major'
Romneya coulteri
Tulipa montana (syn. *T. chrysantha*)
Veronica peduncularis 'Georgia Blue'
Viola 'Aspasia'

Nectaroscordum siculum
(S. 88) mit ...

Aconitum carmichaelii 'Arendsii'
Agapanthus Ardernei-Hybride
Alstroemeria aurea
Astilbe 'Inshriach Pink'
Euphorbia seguieriana
Ferula communis ssp. *glauca*
Galtonia princeps
Gaura lindheimeri
Geranium macrorrhizum 'Album'
Gladiolus communis ssp. *byzantinus*
Hedychium greenei
Helenium 'Sahin's Early Flowerer'
Hemerocallis 'Chicago Royal Robe'
Heuchera micrantha 'Martha Roderick'
Hosta 'Sum and Substance'
Iris orientalis
Kniphofia 'Barton Fever'
Leucojum aestivum 'Gravetye Giant'
Paeonia mascula ssp. *arietina*
Pennisetum orientale

Nepeta 'Six Hills Giant'
(S. 168) mit ...

Allium giganteum
Clematis integrifolia
Eryngium alpinum
Geranium 'Johnson's Blue'
Gillenia trifoliata
Hosta 'Wide Brim'
Iris 'Sapphire Beauty'
Nicotiana langsdorfii
Papaver somniferum 'Black Beauty'
Tulipa 'Abu Hassan'
Verbascum chaixii 'Gainsborough'

ALTERNATIVE KOMBINATIONEN

Nerine bowdenii
(S. 208) mit ...

Agapanthus inapertus ssp.
  pendulus
Anaphalis triplinervis
Aster amellus 'Veilchenkönigin'
Cosmos bipinnatus
Crocus medius
Iris 'Symphony'
Liriope muscari
Lychnis coronaria
Sedum telephium ssp. maximum
  'Atropurpureum'
Verbena bonariensis
Zephyranthes candida

Nigella damascena 'Miss Jekyll'
(S. 170) mit ...

Alchemilla mollis
Allium cristophii
Eryngium bourgatii 'Oxford Blue'
Erysimum cheiri 'Ruby Gem'
Geranium wallichianum 'Buxton's
  Variety'
Lagurus ovatus
Meconopsis cambrica
Nicotiana 'Lime Green'
Papaver somniferum 'Pink Chiffon'
Zinnia 'Envy'

Osmunda regalis
(S. 90) mit ...

Arum italicum 'Marmoratum'
Astilboides tabularis
Brunnera macrophylla 'Hadspen
  Cream'
Caltha palustris 'Flore Pleno'
Carex oshimensis 'Evergold'
Corydalis solida f. transsylvanica
  'George Baker'
Fritillaria meleagris
Galanthus nivalis
Hosta 'Blue Angel'
Iris pseudacorus
Rheum palmatum 'Hadspen
  Crimson'
Sanguisorba menziesii
Saxifraga 'Miss Chambers'
Scrophularia auriculata 'Variegata'
Smilacina racemosa
Symphytum x uplandicum
  'Variegatum'
Trillium grandiflorum
Uvularia grandiflora

Paeonia lactiflora
'Bowl of Beauty'
(S. 92) mit ...

Anemone x *hybrida* 'Whirlwind'
Antirrhinum majus 'Black Prince'
Aquilegia vulgaris var. *stellata* 'Greenapples'
Aster 'Little Carlow'
Camassia quamash 'Blue Melody'
Campanula 'Kent Belle'
Centaurea cineraria
Cerinthe major 'Purpurascens'
Corydalis flexuosa 'Nightshade'
Delphinium 'Blue Dawn'
Fritillaria imperialis
Galtonia candicans
Gladiolius 'The Bride'
Hyacinthus orientalis 'Anna Marie'
Ipheion uniflorum
Narcissus 'Empress of Ireland'
Narcissus 'Merlin'
Saxifraga x *urbium*
Tulipa 'Blue Parrot'
Zinnia Allsorts

Papaver orientale 'Patty's Plum'
(S. 94) mit ...

Allium hollandicum 'Purple Sensation'
Anthriscus sylvestris 'Ravenswing'
Crinum x *powellii* 'Album'
Crocosmia 'Gerbe d'Or'
Crocus etruscus 'Zwanenburg'
Cynara cardunculus
Dahlia 'Bednall Beauty'
Delphinium 'Summerfield Oberon'
Dierama dracomontanum
Gypsophila paniculata
Macleaya 'Spetchley Ruby'
Thalictrum flavum 'Illuminator'
Tulipa 'Annie Schilder'

Phlox carolina 'Miss Lingard'
(S. 172) mit ...

Astilbe chinensis var. *taquetii* 'Superba'
Calamagrostis x *acutiflora* 'Overdam'
Helianthus salicifolius
Hemerocallis 'Marion Vaughn'
Iris 'Ideal'
Papaver rhoeas 'Mother of Pearl'
Persicaria orientalis
Stachys byzantina 'Primrose Heron'
Tulipa marjolletii
Verbascum olympicum

ALTERNATIVE KOMBINATIONEN

Polypodium interjectum
'Cornubiense'
(S. 210) mit …

Carex fraseri
Cyclamen hederifolium
Dicentra spectabilis 'Alba'
Digitalis grandiflora 'Carillon'
Epimedium x versicolor
 'Sulphureum'
Helleborus orientalis
Hosta sieboldiana
Primula capitata ssp. mooreana
Pulmonaria 'Margery Fish'
Scilla bifolia

Polystichum setiferum
'Pulcherrimum Bevis'
(S. 96) mit …

Anemone nemorosa
 'Robinsoniana'
Bergenia 'Ballawley'
Carex elata 'Aurea'
Cyclamen coum
Galanthus plicatus
Geranium phaeum
Helleborus orientalis
Hyacinthoides non-scripta
Leucojum aestivum 'Gravetye
 Giant'
Narcissus 'Hawera'
Primula alpicola

Pulsatilla vulgaris
(S. 98) mit …

Anemone coronaria De Caen-
 Gruppe
Antirrhinum majus 'Scarlet Giant'
Aquilegia vulgaris
Astrantia major 'Roma'
Crocus tommasinianus 'Ruby
 Giant'
Epimedium grandiflorum 'Rose
 Queen'
Iris 'Blue Diamond'
Narcissus 'Thalia'
Primula 'Miss Indigo'
Tulipa 'Elegant Lady'

ALTERNATIVE KOMBINATIONEN

Rodgersia aesculifolia
(S. 174) mit ...

Smyrnium perfoliatum
(S. 100) mit ...

Thalictrum aquilegiifolium
(S. 102) mit ...

Acorus calamus 'Argenteostriatus'
Actaea rubra
Astilboides tabularis
Galanthus 'Magnet'
Hosta 'Big Daddy'
Lysichiton americanus
Osmunda regalis
Primula florindae
Rheum palmatum 'Atrosanguineum'
Stipa gigantea
Zantedeschia aethiopica 'Green Goddess'

Achillea 'Credo'
Allium cernuum 'Hidcote'
Aquilegia 'Celestial Blue'
Cerinthe major 'Purpurascens'
Epimedium pinnatum ssp. *colchicum*
Erysimum cheiri 'Primrose Bedder'
Euphorbia griffithii 'Fireglow'
Geranium 'Johnson's Blue'
Gladiolus communis ssp. *byzantinus*
Iris x *robusta* 'Gerald Darby'
Limnanthes douglasii
Myosotis sylvestris
Tellima grandiflora

Alchemilla mollis
Catananche caerulea
Crinum x *powellii*
Geranium sanguineum
Gypsophila paniculata 'Bristol Fairy'
Helleborus orientalis
Iris 'Blue Magic'
Iris orientalis
Pulmonaria 'Margery Fish'
Tulipa 'Cantata'

ALTERNATIVE KOMBINATIONEN

Tulipa 'Prinses Irene'
(S. 42) mit …

Ajuga reptans 'Catlin's Giant'
Anemone x *hybrida* 'Lady Gilmour'
Aster x *frikartii* 'Mönch'
Bellis perennis
Doronicum x *excelsum* 'Harpur Crewe'
Epimedium pinnatum ssp. *colchicum*
Eryngium giganteum 'Silver Ghost'
Erysimum cheiri
Erysimum linifolium
Euphorbia x *martinii*
Ferula communis
Glaucium flavum
Inula magnifica
Ligularia dentata 'Othello'
Lupinus
Lysimachia ciliata 'Firecracker'
Myosotis
Primula 'Guinevere'
Rheum palmatum 'Atrosanguineum'
Smyrnium perfoliatum

Tulipa sprengeri
(S. 104) mit …

Ajuga reptans 'Atropurpurea'
Anemone x *fulgens*
Crocus goulimyi
Fritillaria acmopetala
Geranium cinereum var. *subcaulescens*
Hosta Tardiana-Gruppe
Iris 'Black Swan'
Primula Gold-laced-Gruppe
Primula 'Wanda'
Tellima grandiflora

Verbascum chaixii 'Gainsborough'
(S. 176) mit …

Campanula persicifolia 'Fleur de Neige'
Eremurus himalaicus
Helianthus salicifolius
Hosta 'Wide Brim'
Salvia argentea
Senecio doria
Stachys byzantina 'Primrose Heron'
Stipa tenuissima
Tulipa 'Alice Leclercq'
Verbena bonariensis
Viola cornuta 'Eastgrove Blue Scented'

ALTERNATIVE KOMBINATIONEN

Verbena bonariensis
(S. 212) mit …

Canna indica 'Purpurea'
Crocus medius
Dahlia 'Grenadier'
Diascia 'Ruby Field'
Iris 'Professor Blaauw'
Nerine bowdenii
Patrinia scabiosifolia
Perilla frutescens var.
   purpurascens
Plectranthus argentatus
Salvia uliginosa

Viola 'Ardross Gem'
(S. 106) mit …

Alchemilla mollis
Ajuga reptans
Anemone blanda 'White
   Splendour'
Aquilegia vulgaris 'Nivea'
Arenaria montana
Aster alpinus
Carex elata 'Aurea'
Crocus sieberi 'Hubert Edelsten'
Geum montanum
x *Heucherella alba* 'Bridget
   Bloom'
Hosta sieboldiana
Iris 'Frans Hals'
Verbascum phoeniceum

Zantedeschia aethiopica
'Crowborough'
(S. 108) mit …

Astilbe 'Sprite'
Brunnera macrophylla 'Hadspen
   Cream'
Carex elata 'Aurea'
Lysichiton americanus
Osmunda regalis
Primula florindae

Register

Kursiv gedruckte Seitenzahlen weisen auf Fotos hin. Die im Kapitel »Alternative Kombinationen« (S. 215–234) aufgelisteten Pflanzen sind im Register nur aufgeführt, wenn sie auch an anderer Stelle im Buch erscheinen.

A

Acanthus (Bärenklau) 191
Achillea (Schafgarbe)
   'Moonshine' 200, *200*
Aconitum (Eisenhut)
   'Bressingham Spire' 194
   x *cammarum* 'Bicolor' 194
   carmichaelii 'Arendsii' 194, *195, 215*
   carmichaelii 'Kelmscott' 124 *124*
Adiantum aleuticum (Frauenhaarfarn) 132, 202, *202*
Agapanthus (Schmucklilie) 135
   campanulatus 194, *194*
Ageratum 'Blue Horizon' 187, *187*
Ajuga (Günsel)
   reptans 'Atropurpurea' 20, 66, 78, *78*
   reptans 'Catlin's Giant' 21, *21*
Akelei siehe *Aquilegia*
Alchemilla (Frauenmantel)
   erythropoda 64
   mollis 53, 142, *142*
Allium (Zierlauch) 23, 52, 63f., 66, *66*, 67, 128, 134f.
   caeruleum 64, 134
   cernuum 63
   cristophii 64, 126, *127*, 134f., 140, *140*
   giganteum 135, 138, *139, 215*
   'Globemaster' 138
   hollandicum 64, 88, 138
   hollandicum 'Purple Sensation' 60, *61*
   schubertii 64
   sphaerocephalon 134, *134*
Alpendistel siehe *Eryngium alpinum*
Alpenveilchen siehe *Cyclamen*
Alyssum (Steinkraut) 184
Anchusa (Ochsenzunge) 135
   azurea 'Loddon Royalist' 126

Anemone
   blanda 19
   coronaria 32, *32*
   De Caen 32, 69, 191
   hupehensis 'Hadspen Abundance' 196
   x *hybrida* 'Géante des Blanches' 196
   x *hybrida* 'Honorine Jobert' 196, *197, 215*
   x *hybrida* 'Königin Charlotte' 138, 138, *138*, 196
   nemorosa 'Robinsoniana' (Buschwindröschen) 76, *76*
Angelica (Engelwurz) 65
   gigas 90, *90*, 135
Anthriscus sylvestris 'Ravenswing' (Wiesenkerbel) 66, 135
Antirrhinum majus (Löwenmäuchen) 181f.
   'Black Prince' 182
   'Corona Mixed' 181f.
   'Purple King' 181
Aquilegia (Akelei) 17, 48, 51, 191f.
   'Hensol Harebell' 150, *150*
   longissima 78, *78*, 128
   vulgaris 'Melton Rapids' 70
   vulgaris 'Nivea' 70
   vulgaris 'Nora Barlow' 70, *71, 216*
   vulgaris 'William Guiness' 135
Argyranthemum (Strauchmargerite) 193
   foeniculaceum 183
   gracile 114
   'Jamaica Primrose' 114
   'Vancouver' 114
Armeria (Grasnelke) 191
Aronstab siehe *Arum*
Arrhenatherum (Raygras) 189
Artemisia (Beifuß)
   arborescens 114
   lactiflora Guizhou-Gruppe 137
   stelleriana 134
Artischocke siehe *Cynara cardunculus*
Arum (Aronstab)
   creticum 24
   italicum 'Marmoratum' 24, *25, 216*

Asplenium scolopendrium (Hirschzungenfarn) 22, 26, 27, 47, *216*
   'Ramocristatum' 26
Aster 128, 188
   x *frikartii* 'Mönch' 208, *208*
Astilbe x *arendsii* 'Irrlicht' 24, *24*
Astilboides tabularis 62, *62*
Astrantia major (Große Sterndolde) 66, 191
   'Hadspen Blood' 140
   'Roma' 49, *49*
   'Shaggy' 140, *141*, 217, *217*
   'Sunningdale Variegated' 66, 140
Atriplex hortensis var. *rubra* (Rote Gartenmelde) 138, *138*
Aubrieta (Blaukissen) 52

B

Bärenklau siehe *Acanthus*
Bartfaden siehe *Penstemon*
Bartnelke siehe *Dianthus barbatus*
Begonia (Begonie)
   'Burle Marx' 118
   manicata 118
Beifuß siehe *Artemisia*
Beinwell siehe *Symphytum*
Bellis perennis (Maßliebchen) 193
Bergenia (Bergenie) 190
Bidens (Zweizahn) 187, 188
   ferulifolia 'Golden Goddess' 115, *115*, 188
Binsenlilie s. *Sisyrinchium* striatum
Blaukissen siehe *Aubrieta*
Blaustern siehe *Scilla*
Bleiwurz siehe *Plumbago auriculata*
Brassica oleracea (Zierkohl) 116, *116*
Briza maxima (Zittergras) 191
Brunnera (Kaukasusvergissmeinnicht) 17, 22, 23, 63, 66
   macrophylla 'Hadspen Cream' 36, *36*
Buschwindröschen siehe *Anemone nemorosa*

C

Calamagrostis (Reitgras) 189
Calendula (Ringelblume) 188
   officinalis 'Art Shades' 156, *156*
Calla siehe *Zantedeschia aethiopica*
Callistephus 'Florette Champagne'

(Sommeraster) 176, *176*
Campanula (Glockenblume) 48, 126
   'Burghaltii' 142
   lactiflora 'Prichard's Variety' 142, 176, *176*
   latifolia 125
   latiloba 'Hidcote Amethyst' 142, *143, 217*
   latiloba 'Percy Piper' 142
Canna 113, 180f.
   'Durban' 180, *180*
   x *ehemanii* 178, *179*, 181, 198, *199, 217*
   glauca 198
   'Roi Humbert' 137, 198
   'Wyoming' 198
Cardamine quinquefolia 30, *30*
Carex (Segge)
   buchananii 191
   elata 'Aurea' 49, *49*
   riparia 'Variegata' 191
Centranthus ruber (Spornblume) 142, *142*
Ceratostigma 188
Cerinthe major 'Purpurascens' 67, *67*, 120, 121, 144, *145*, 182, *218*
Chaerophyllum hirsutum 'Roseum' 66
Chionodoxa sardensis 16
Chrysanthemum
   'Emperor of China' 193
   segetum 125
Cimicifuga (Silberkerze)
   racemosa 200
   simplex Atropurpurea-Gruppe 124, *124*, 181
   simplex 'Brunette' 200, *201, 218*
   simplex 'Elstead' 200
Clematis (Klematis) 125
   integrifolia *130*, 131
   'Perle d'Azur' 128
   recta 'Purpurea' 66, 76, *76*, 128, 135
Cleome hassleriana 'Violet Queen' (Spinnenpflanze) 206, *206*
Colchicum (Herbstzeitlose) 13, 53
   agrippinum 206, *206*

REGISTER

Convallaria majalis (Maiglöckchen)
72, *73*, 218
'Albostriata' 72
'Flore Pleno' 72
'Fortin's Giant' 72
var. *rosea* 72
Cordyline 186
Coreopsis (Mädchenauge)
grandiflora 'Early Sunrise' 186
tinctoria 160, *160*
verticillata 110, *111*
Cortaderia selloana 'Pumila'
(Pampasgras) 178, *179*
Corydalis (Lerchensporn) 193
flexuosa 'China Blue' 88, *88*
Cosmos (Kosmee) 182
atrosanguineus 190
bipinnatus 'Sensation Mixed'
196, *196*
bipinnatus 'Sonata White' 148,
148
Cotinus coggygria 'Foliis Purpureis'
(Perückenstrauch) 128
Crambe
cordifolia (Riesenschleierkraut)
74, *75*, 219
maritima (Meerkohl) 74, 181
Crinum 181
Crocosmia (Montbretie) 131, 132
x *crocosmiiflora* 'Gerbe d'Or' 146
x *crocosmiiflora* 'Solfatare' 146
masoniorum 146
'Lucifer' 20, *20*, 112, *112*, 131,
146, *147*, 219
Crocus (Krokus) 12–14
aureus 13
chrysanthus 13
chrysanthus 'Ladykiller' 70, *70*
chrysanthus 'Zwanenburg
Bronze' 14
sieberi 12
speciosus 84, *84*
tommasinianus 13, *13*, 202, *202*
tommasinianus 'Barr's Purple'
106, *106*
tommasinianus 'Ruby Giant' 13,
13
vernus 12f.
vernus 'Jeanne d'Arc' 13
vernus 'Pickwick' 13
vernus 'Purpureus Grandiflorus'
14
vernus 'Queen of the Blues' 14
vernus 'Remembrance' 14
vernus 'Striped Beauty' 13

Cyclamen (Alpenveilchen) 47
coum 13, *13*, 28, *29*, 202, *219*
coum f. *pallidum* 'Album' 28
coum Pewter-Gruppe 28
hederifolium 18, 202, *203, 220*
purpurascens 202
Cynara cardunculus (Kardone,
Artischocke) 63, 178, *179*

D

Dactylis glomerata 'Variegata'
(Wiesenknäuelgras) 192
Dahlia (Dahlie) 122, 124, 178,
180-184, 191
'Arabian Night' 137
'Bishop of Llandaff' 131
coccinea 178, 190, 198, *198*
'David Howard' 204
'Ellen Huston' 189
'Grenadier' 137, 204, *205,
220*
'Hamari Gold' 204
'Hillcrest Royal' 204
'Orange Mullet' 189
'Pearl of Heemstede' 189
'Redskin' 183
'Tally Ho' 183, *183*
Delphinium (Rittersporn) 63
Belladonna-Gruppe 148
'Cliveden Beauty' 148
grandiflorum 'Blue Butterfly'
148, 1*49, 220*
grandiflorum 'White Butterfly'
148
Deschampsia cespitosa (Rasen
schmiele) 192f.
'Goldtau' 88, *88*
Dianthus (Nelke) 135, 191f.
alpinus 'Joan's Blood' 150
'Dad's Favourite' 150, *151, 221*
'Hidcote' 150
'Little Jock' 150
'Musgrave's Pink' 70, *70*
Dicentra (Tränendes Herz)
formosa 68, *68*
'Langtrees' 76
spectabilis 76, 135
spectabilis 'Alba' 76
'Stuart Boothman' 76, *77, 221*
Dichternarzisse *siehe Narcissus
poeticus*
Dierama pulcherrimum 136
'Blackbird' 136
Digitalis purpurea (Roter
Fingerhut)

f. *albiflora* 152
Excelsior-Gruppe 152, *153,
221*
'Sutton's Apricot' 152
Dipsacus fullonum (Karde) 196,
196
Doronicum (Gemswurz) 55
Dryopteris (Wurmfarn)
affinis (Goldschuppenfarn) 47
filix-mas (Gemeiner Wurmfarn)
47
wallichiana 78, *79, 222*

E

Echeveria elegans 154, *154*
Echinacea purpurea (Roter
Sonnenhut) 181
Edeldistel *siehe Eryngium*
Ehrenpreis *siehe Veronica*
Eisenhut *siehe Aconitum*
Elfenbeindistel *siehe Eryngium
giganteum*
Elfenblume *siehe Epimedium*
Engelwurz *siehe Angelica*
Epimedium (Elfenblume) 44–47,
191
davidii 44
grandiflorum 'Nanum' 44
x *perralchicum* 72, *72*
x *rubrum* 44, 46
Eranthis hyemalis (Winterling) 11,
13, 38, *38*
Eremurus x *isabellinus* 'Cleopatra'
(Steppenkerze) 80, *80*
Eryngium (Edeldistel)
alpinum (Alpendistel) 123, *123,*
154
giganteum (Elfenbeindistel) 154,
155, 222
x *oliverianum* 110, *111,*154
x *tripartitum* 154
Erysimum (Goldlack) 52, 56, *56,*
58–60, *58*
'Bowles' Mauve' 60
cheiri 'Baden-Powell' 60
cheiri 'Bloddy Warrior' 60
cheiri 'Harpur Crewe' 60
'Persian Carpet' 60
'Primrose Monarch' 60
Erythronium
dens-canis (Hundszahn) 30
'Pagoda' 30, *31, 222*
revolutum 8, *9*
revolutum 'White Beauty' 30
Eschscholzia californica

(Kalifornischer Goldmohn)
156, *157*, 188, *223*
'Alba' 156
'Apricot Flambeau' 156
'Ballerina' 156
'Cherry Ripe' 156
Euphorbia (Wolfsmilch) 18f., *18*, 21
amygdaloides far. *robbiae* 15, 40,
40
'Chameleon' 126
characias 18, 80, *81*, 131, *223*
cyparissia 32
griffithii 19, *19*
griffithii 'Dixter' 160, *160*
'John Tomlinson' 80
'Lambrook Gold' 80
x *martinii* 19, 57, *57*, 96, *96*
myrsinites 32, *33, 223*
polychroma 19, 63
polychroma 'Major' 42, *42*
schillingii 92, *92*

F

Fackellilie *siehe Kniphofia*
Federborstengras *siehe Pennisetum*
Federgras *siehe Stipa*
Felicia amelloides (Kapaster) 113
Ferula communis (Riesenfenchel)
22, 152, *152*
Festuca (Schwingel) 189
glauca 192
punctoria 192
Fingerhut *siehe Digitalis*
Flattergras *siehe Milium effusum*
Fleißiges Lieschen *siehe Impatiens*
Frauenhaarfarn *siehe Adiantum
aleuticum*
Frauenmantel *siehe Alchemilla*
Fritillaria 134
imperialis (Kaiserkrone) 86, *86*
meleagris (Schachbrettblume)
16, *16*, 158, *158*
Frühlingsstern *siehe Triteleia laxa*
Funkie *siehe Hosta*

G

Galanthus (Schneeglöckchen) 10
'Atkinsii' 96, *96*
'John Gray' 34, *34*
'S. Arnott' 10, *10*
Galium odoratum (Waldmeister)
11, 30, *30*
Galtonia candicans (Riesen
hyazinthe) 140, *140*
Gedenkemein *siehe Omphalodes*

236

Gemswurz *siehe Doronicum*
Geranium (Storchschnabel) 16, 19,
   21, *21*, 112, 128
   'Ann Folkard' 136, 158, 206
   cinereum 'Ballerina' 158
   himalayense 'Gravetye' 206
   'Johnson's Blue' 130, *130*, 206
   maderense 118
   x *magnificum* 63, *64*, 206
   palmatum 82, *82*, 118, 181
   pratense 'Mrs Kendall Clark' 206
   pratense 'Plenum Violaceum'
     80, *80*
   psilostemon 158, *159*, *224*
   x *riversleaianum* 'Mavis
     Simpson' 42, *42*
   'Russell Prichard' 136
   sanguineum var. *striatum* 52
   wallichianum 'Buxton's Variety'
     206, *207*, *224*
Gillenia trifoliata 123, *123*, 184
Gladiolus (Gladiole)
   callianthus 188
   communis ssp. *byzantinus* 66, *67*,
     82, *83*, 128, *135*, *224*
   'The Bride' 82
   tristis 58
Glockenblume *siehe Campanula*
Glyceria maxima var. *variegata*
   (Riesensüßgras) 191
Goldlack *siehe Erysimum*
Gräser 189–192
Grasnelke *siehe Armeria*
Große Sterndolde *siehe Astrantia*
   major
Günsel *siehe Ajuga*

H
Hakonechloa 189
Hasenglöckchen *siehe Hyacinthoides*
Hasenschwanzgras *siehe Lagurus*
   ovatus
Hebe (Strauchveronika) 191
Hedychium greenei 189
Helenium (Sonnenbraut) 180, *180*,
   182
   'Baudirektor Linne' 160
   'Bruno' 160
   'Moerheim Beauty' 160, *161*,
     225
   'Septemberfuchs' 160
Helianthus (Sonnenblume) 182,
   184f.
   'Capenoch Star' 124, *124*
   'Full Sun' 184

'Gold and Silver' 184, 204, *204*
'Moonwalker' 184
'Ruby Sunset' 184
Helichrysum 113, 114, 182
   petiolare 'Limelight' 115
Heliotropium (Heliotrop) 186
   'Chatsworth' 113
   'Marine' 113
Helleborus (Nieswurz) 16
   argutifolius 19, 72, *72*
   foetidus (Stinkende Nieswurz)
     10, 38, *38*
   orientalis (Lenzrose) 10, *10*, 34,
     35, 47, *225*
   x *sternii* 17, 21
   x *sternii* 'Boughton Beauty' 53
Hemerocallis (Taglilie)
   'Cartwheels' 162
   citrina 162, *163*, *225*
   'Corky' 162
   'Golden Chimes' 162, 194, *194*
   'Green Flutter' 162
   'Stafford' 146, *146*
Herbstanemone *siehe Anemone* x
   hybrida
Herbstzeitlose *siehe Colchicum*
Hesperis matronalis (Nachtviole)
   52, 125
Hirschzungenfarn *siehe Asplenium*
   scolopendrium
Hordeum jubatum (Mähnengerste)
   116, *116*
Hosta (Funkie) 191
   'Big Daddy' 62, *62*
   'Blue Angel' 164
   'Fragrant Gold' 69
   'Frances Williams' 164
   'Halcyon' 104, *104*
   'Krossa Regal' 55f., 164, *165*,
     226
   'Lemon Lime' 69, 144, *144*
   'Vera Verde' 210, *210*
   'Wide Brim' 132, *133*
   'Wind River Gold' 164
   'Zounds' 164
Hundszahn *siehe Erythronium*
   dens-canis
Husarenknopf *siehe Sanvitalia*
   procumbens
Hyacinthoides hispanica
   (Spanisches Hasenglöckchen) 15
Hyacinthus orientalis (Hyazinthe)
   16
   'Blue Jacket' 36
   'City of Harlem' 36

'Jan Bos' 36
'King Codro' 36, *37*, *226*
Hypoestes phyllostachya 184

I
Impatiens (Fleißiges Lieschen)
   115–118, 185f.
   'Accent White' 117
   'Jumbo Mauve' 117
   'Seashells Yellow' 118
Iris 23, 48–52, 128
   Bartiris 49–52, *50*, *51*
   'Arctic Fancy' 84
   'Bibury' 84
   'Bromyard' 84
   graminea 51
   histrioides 49
   'Jane Phillips' 84, *85*, *226*
   laevigata 'Variegata' 174, *174*
   'Langport Wren' 136
   Monspur-Gruppe 48
   orientalis 22, 48, 94, *94*
   pallida 'Variegata' 48
   pseudacorus (Sumpfschwertlilie)
     108, *108*
   pumlia 49
   reticulata 20, 49
   sibirica 22, 51, 86, *87*, *227*
   sibirica 'Cambridge' 86
   sibirica 'Dreaming Yellow' 86
   sibirica 'Flight of Butterflies' 86
   sibirica 'Placid Waters' 49, *49*
   spuria 48
   'Swazi Princess' 136
   unguicularis 49
Islandmohn *siehe Papaver nudicaule*

J
Jakobsleiter *siehe Polemonium*
Jonquille *siehe Narcissus jonquilla*
Judassilberling *siehe Lunaria annua*
Jungfer im Grünen *siehe Nigella*
   damascena

K
Kaiserkrone *siehe Fritillaria*
   imperialis
Kalifornischer Goldmohn *siehe*
   Eschscholzia californica
Kapastern *113*
Kapuzinerkresse *siehe Tropaeolum*
   majus
Karde *siehe Dipsacus fullonum*
Kardone *siehe Cynara cardunculus*
Katzenminze *siehe Nepeta*

Kaukasusvergissmeinnicht *siehe*
   Brunnera
Klatschmohn *siehe Papaver rhoeas*
Klematis *siehe Clematis*
Kniphofia rooperi (Fackellilie)
   178, *179*, 188
Königsfarn *siehe Osmunda regalis*
Königskerze *siehe Verbascum*
Königslilie *siehe Lilium regale*
Kosmee *siehe Cosmos*
Krokus *siehe Crocus*
Küchenschelle *siehe Pulsatilla*
   vulgaris

L
Lagurus ovatus (Hasenschwanzgras)
   134, *134*, 150, *150*, 191f.
Lamium (Taubnessel) 47
   maculatum 18, *18*
   maculatum 'Beacon Silver' 21,
     21
Lenzrose *siehe Helleborus orientalis*
Lerchensporn *siehe Corydalis*
Leucojum *aestivum* (Sommer-
   knotenblume)
   'Gravetye Giant' 38, *39*, *227*
   vernum (Märzenbecher) 38
Lichtnelke *siehe Lychnis*
Ligularia (Ligularie)
   przewalskii 108, *108*
   'The Rocket' 174, *174*
Lilium (Lilie)
   'Black Dragon' 86, *86*
   candidum (Madonnenlilie) 166
   martagon var. *album* (Türken
     bundlilie) 92, *92*
   regale (Königslilie) 126, 166,
     167, *227*
Limonium platyphyllum
   (Meerlavendel) 82, *82*
Lobelia (Lobelie) 115–117, 185
Löwenmäulchen *siehe*
   Antirrhinum majus
Lunaria (Silberling) 26, *26*, 57
   annua 'Alba Variegata' 26, *26*
Lungenkraut *siehe Pulmonaria*
Lupinus (Lupine) 48, 135
   'Polar Princess' 162, *162*
   'Thundercloud' 148, *148*
Lychnis coronaria (Lichtnelke) 110
Lysimachia nummularia 'Aurea'
   (Pfennigkraut) 11

REGISTER

M

Macleaya cordata 116, *116*
Mädchenauge *siehe Coreopsis*
Madonnenlilie *siehe Lilium candidum*
Mähnengerste *siehe Hordeum jubatum*
Maiglöckchen *siehe Convallaria majalis*
Mariendistel *siehe Silybum*
Märzenbecher *siehe Leucojum vernum*
Maßliebchen *siehe Bellis perennis*
Matteuccia struthiopteris (Straußfarn) 8, *9*, 15, *46*, 47, 132, 152, *152*
Meconopsis cambrica (Scheinmohn) 210, *210*
Meerlavendel *siehe Limonium platyphyllum*
Melianthus major (Honigstrauch) 135, 190, *190*
Milium effusum 'Aureum' (Flattergras) 68, *68*
Miscanthus 184, 189, 191f.
  sinensis 'Silberfeder' 192
  sinensis 'Variegatus' 192
  sinensis 'Zebrinus' 192
Mohn *siehe Papaver*
Molinia caerulea ssp. arundinacea (Pfeifengras) 192
Montbretie *siehe Crocosmia*
Muscari (Traubenhyazinthe) 16
  cosmosum 'Plumosum' 98, *98*
  latifolium 21
Myosotis (Vergissmeinnicht) 7, 21, 44, *44*, 52, 55, 56, *56*, 57, 60
  sylvatica 'Music' 100, *100*
Myrrhis odorata (Myrrhenkerbel) 22f., 36

N

Nachtviole *siehe Hesperis matronalis*
Narcissus (Narzisse) 11, 14f., 16, 59
  'Alliance' 14
  'Cheerfulness' 14, 15
  'Cragford' 15
  'February Gold' 14
  'February Silver' 14
  'Geranium' 15
  jonquilla (Jonquille) 40, 48
  'Minnow' 15
  obvallaris 14

poeticus var. recurvus (Dichternarzisse) 15
  pseudonarcissus (Osterglocke) 14
  'Quail' 40, *41*, 228
  'Rip van Winkle' 21
  'Scarlet Gem' 15
  'Thalia' 36, *36*
  'Trevithian' 40
Nectaroscordum 193
  ssp. bulgaricum 88
  siculum 88, *89*, 228
Nelke *siehe Dianthus*
Nepeta (Katzenminze) 64, 66–68, 69
  sibirica 'Souvenir d'André Chaudron' 168
  'Six Hills Giant' 68, 127, *127*, 168, *169*, 228
Nerine 193
  bowdenii 208, *209*, 229
  sarniensis 'Alba' 208
Neuseelandflachs *siehe Phormium tenax*
Nicotiana (Tabakpflanze, Ziertabak) 116, *116*, 125, 126, 182f.
  langsdorffii 168, *168*
  sylvestris 162, *162*
Nierembergia caerulea 'Mont Blanc' 183
Nigella
  damascena (Jungfer im Grünen) 48, *50*, 51, 64, 130, *130*
  damascena 'Miss Jekyll' 170, *171*, 229
  hispanica 170

O

Ochsenzunge *siehe Anchusa*
Omphalodes (Gedenkemein) 65
Ophiopogon (Schwarzer Schlangenbart) 54
Osmunda regalis (Königsfarn) 90, *91*, 181, 229
  'Cristata' 90
  'Purpurascens' 90
Osteospermum 126, 193
Osterglocke *siehe Narcissus pseudonarcissus*

P

Paeonia (Päonie, Pfingstrose) 7, 23, 52, 60–63, 135
  cambessedesii 18
  lactiflora 18, 62
  lactiflora 'Bowl of Beauty' 63, 92, *93*, 230

lactiflora 'Cornelia Shaylor' 63
  lactiflora 'Duchesse de Nemours' 92
  lactiflora 'Félix Crousse' 92
  lactiflora 'Globe of Light' 63
  lactiflora 'Glory of Somerset' 63
  lactiflora 'Laura Dessert' 92
  lactiflora 'Madame Calot' 63
  lactiflora 'Monsieur Jules Elie' 63
  lactiflora 'Sir Edward Elgar' 63
  lactiflora 'White Wings' 63
  officinalis 60–62
  officinalis 'Rubra Plena' 180
Pampasgras *siehe Cortaderia selloana*
Panaschiertes Blattwerk 64–66
Papaver (Mohn) 118–121
  nudicaule (Islandmohn) 120
  orientale (Türkischer Mohn) 125, 128, 193
  orientale 'Beauty of Livermere' 94
  orientale 'Black and White' 94
  orientale 'Cedric Morris' 94
  orientale 'Patty's Plum' 94, *95*, 135, *230*
  rhoeas (Klatschmohn) 118–120
  rhoeas 'Mother of Pearl' 119f., *119*, 208, *208*
  somniferum (Schlafmohn) 48, 52, 120, *120*, 121, 134, *134*
  somniferum 'Black Peaony' 121
  somniferum 'Paeony Flowered' 102, *102*
  somniferum 'Pink Chiffon' 121
Pelargonium (Pelargonie) 186
  'Lady Plymouth' 154, *154*
Pennisetum (Federborstengras) 132
  macrourum 181
  setaceum 135, 190
  villosum 191
Penstemon (Bartfaden) 128, 184
  'Apple Blossom' 172, *172*
Perückenstrauch *siehe Cotinus coggygria*
Petunia (Petunie) 113, 182, 185
  'Dreams Midnight Blue' 113
  'Prime Time White' 172, *172*
  'Purple Wave' 94, *94*, 182
  Surfinia 182
Pfeifengras *siehe Molinia caerulea*
Pfennigkraut *siehe Lysimachia nummularia*
Pfingstrose *siehe Paeonia*
Phalaris arundinacea (Rohrglanzgras) 189
Phlomis russeliana 190, *190*

Phlox (Phlox)
  carolina 'Miss Lingard' 64, 172, *173*, 230
  maculata 68f.
  'Norah Leigh' 126
  paniculata 68
  paniculata 'Fujiyama' 172
  paniculata 'White Admiral' 172
Phormium
  'Bronze Baby' 191
  cookianum ssp. hookeri 'Cream Delight' 191
  tenax Purpureum-Gruppe
Plumbago auriculata (Bleiwurz) 114
Polemonium (Jakobsleiter)
  foliosissimum 106, *106*
  'Sonia's Bluebell' 66
Polygonatum falcatum 'Variegatum' (Salomonssiegel) 164, *164*
Polypodium (Tüpfelfarn)
  cambricum 210
  cambricum 'Cristatum' 210
  interjectum 'Cornubiense' 210, *211*, 231
  vulgare (Gemeiner Tüpfelfarn) 48
Polystichum (Schildfarn) 48
  setiferum (Borstiger Schildfarn) 47
  setiferum Plumosodivisilobum-Gruppe 96
  setiferum 'Pulcherrimum Bevis' 96, *97*, 231
Primula (Primel, Schlüsselblume) 7
  'Corporal Baxter' 17
  Cowichan Blue-Gruppe 98, *98*
  florindae 47, 164, *164*
  'Miss Indigo' 17, 28, *28*
  'Sue Jervis' 17, 21
  vulgaris (Kissenprimel) 17, 23
  vulgaris ssp. sibthorpii 23
Pulmonaria (Lungenkraut)
  angustifolia 'Munstead Blue' 65
  'Lewis Palmer' 20, 158, *158*
  officinalis 'Sissinghurst White' 26, *26*, 65
  saccharata 65
  saccharata 'Frühlingshimmel' 20
Pulsatilla vulgaris (Küchenschelle) 51, 98, *99*, 231
  'Alba' 98
  'Barton's Pink' 98
  'Flore Pleno' 98
  'Röde Klokke' 98
Puschkinia scilloides var. libanotica 16

REGISTER

R

Rainfarn *siehe Tanacetum*
Ranunculus ficaria 'Brazen Hussy'
  (Scharbockskraut) 20, 74, *74*,
  191
Rasenschmiele *siehe Deschampsia*
  cespitosa
Reitgras *siehe Calamagrostis*
Rhabarber *siehe Rheum*
Rheum palmatum
  (Medizinalrhabarber)
  'Atrosanguineum' 137
Ricinus (Rizinuspflanze) 189
  communis 'Impala' 190, 198, *198*
Riesenfenchel *siehe Ferula*
  communis
Riesenhyazinthe *siehe Galtonia*
  candicans
Ringelblume *siehe Calendula*
Rittersporn *siehe Delphinium*
Rodgersia (Rodgersie) 129, 132,
  181
  aesculifolia 132, 174, *175*, *232*
  pinnata 62, *62*, 132
  pinnata 'Superba' 62, *62*, 90, *90*,
    174
  podophylla 46, *46*, 174
Rohrglanzgras *siehe Phalaris*
  arundinacea
Rosa (Rose)
  'Geranium' 128
  'Gruß an Aachen' 126
  'Nevada' 125
Rudbeckia (Rudbeckie,
  Sonnenhut) 182
  fulgida 187, *187*
  fulgida 'Goldsturm' 187
  'Goldquelle' 188
  hirta var. *pulcherrima* 187

S

Salbei *siehe Salvia*
Salomonssiegel *siehe Polygonatum*
Salvia (Salbei, Ziersalbei) 112,
  114, 128, 193
  farinacea 186, 189
  farinacea 'Strata' 186
  farinacea 'Queen Victoria' 114,
    186
  involucrata 'Bethellii' 189
  nemorosa 'Ostfriesland' 200, *200*
  patens 193
  patens 'Cambridge Blue' 114,
    136, 166, *166*
  patens 'Guanajuato' 114
  sclarea var. *sclarea*

(Muskatellersalbei) 156, *156*
Santolina 183
Sanvitalia procumbens
  (Husarenknopf) 182
Saxifraga (Steinbrech) 13, 52
  cortusifolia 47
  x *urbium* 63
Schachbrettblume *siehe Fritillaria*
  meleagris
Schafgarbe *siehe Achillea*
Scharbockskraut *siehe Ranunculus*
  ficaria
Scheinmohn *siehe Meconopsis*
Schildfarn *siehe Polystichum*
Schlafmohn *siehe Papaver*
  somniferum
Schneeglöckchen *siehe Galanthus*
Schwaden *siehe Glyceria*
Schwertlilie *siehe Iris*
  pseudoacorus
Schwingel *siehe Festuca*
Scilla (Blaustern) 15, 16, 18, *18*
  bifolia 15, 24, *24*, 34
  bithynica 18
  siberica 15, 16, *16*, 34, *34*
  siberica 'Spring Beauty' 15, 34
Sedum telephium (Fetthenne)
  'Atropurpureum' 181, 183, *183*
  'Lynda et Rodney' 181
  'Mohrchen' 128
Segge *siehe Carex*
Selinum wallichianum
  (Wiesenkerbel) 22
Senecio cineraria (Silberblatt) 113
  'Cirrus' 113
  'Silver Dust' 113
Silberblatt *siehe Senecio cineraria*
Silberkerze *siehe Cimicifuga*
Silybum (Mariendistel) 64
Sisyrinchium striatum 'Aunt May'
  (Binsenlilie) 66, 128
Smyrnium
  olusatrum 100
  perfoliatum 44, *45*, 66, 67, 100,
    101, *232*
Solanum
  laciniatum 187
  rantonnetii 187, 189
Solenostemon 183, 189
Sommeraster *siehe Callistephus*
Sommerknotenblume *siehe*
  Leucojum aestivum
Sonnenblume *siehe Helianthus*
Sonnenbraut *siehe Helenium*
Sonnenhut *siehe Rudbeckia und*
  Echinacea

Spornblume *siehe Centhranthus*
  ruber
Stachys
  albotomentosa 115, *115*
  byzantina (Wollziest) 52, 115,
    170, *170*
  byzantina 'Primrose Heron'
    132, *133*
Steinbrech *siehe Saxifraga*
Steinkraut *siehe Alyssum*
Steppenkerze *siehe Eremurus*
Stinkende Nieswurz *siehe*
  Helleborus foetidus
Stipa (Federgras) 184, 189
  gigantea 190f., 204, *204*
  tenuissima 190, *190*
Storchschnabel *siehe Geranium*
Strauchmargerite *siehe*
  Argyranthemum
Straußfarn *siehe Matteuccia*
  struthiopteris
Sukkulenten 189
Symphytum x *uplandicum*
  'Variegatum' (Beinwell) 65

T

Tagetes 185
  Afrikanische Gruppe 182f.
  Französische Gruppe 183
  'Vanilla' 212, *212*
Taglilie *siehe Hemerocallis*
Tanacetum (Rainfarn)
  coccineum 114
  coccineum 'Silver Feather' 114
  parthenium 'Aureum' 14, 40, *40*
Taubnessel *siehe Lamium*
Thalictrum (Wiesenraute) 19, 22
  aquilegiifolium 102, *103*, *232*
  aquilegiifolium 'Thundercloud'
    102
  delavayi 102
  delavayi 'Hewitt's Double' 102
Tränendes Herz *siehe Dicentra*
Traubenhyazinthe *siehe Muscari*
Triteleia laxa (Frühlingsstern) 144,
  144
Tropaeolum majus
  (Kapuzinerkresse) 178, 185,
    188
  'Empress of India' 146, *146*,
    185
  'Jewel of Africa' 74, *74*, 185
Tulbaghia 189
Tulipa (Tulpe) 7, 16, 52, 55–58,
  59, 118, 134
  'Abba' 104

'Abu Hassan' 60
'Alabaster' 55
'Annie Schilder' 42
'Apeldoorn' 104
'Arabian Mystery' 57
'Ballerina' 57, *57*
'Bleu Amiable' 57
'Blue Parrot' 55, 58
'Cantata' 18, 58
'China Pink' 57
'Dreaming Maid' 57
'Dyanito' 57, *57*
eichleri 16f.
'Gordon Cooper' 104
humilis 32, *32*
'Inglescombe Yellow' 55
'Magier' 58
'Negrita' 57, 137
orphanidea Whittallii-Gruppe
  84, *84*
'Prinses Irene' 19, *19*, 42, *43*,
  58, *233*
'Purple Prince' 57
'Queen of Sheba' 60
'Rose Emperor' 18
'Shirley' 137
sprengeri 104, *105*, *233*
'Spring Green' 100, *100*
'Vlammenspel' 55
'Weber's Parrot' 58
'White Triumphator' 55
'Yokohama' 42
Tüpfelfarn *siehe Polypodium*
Türkenbundlilie *siehe Lilium*
  martagon
Türkischer Mohn *siehe Papaver*
  orientale

V

Veilchen *siehe Viola*
Verbascum (Königskerze)
  chaixii 'Cotswold Beauty' 176
  chaixii 'Gainsborough' 126,
    133, 176, *177*, *233*
  chaixii 'Pink Domino' 176
  'Helen Johnson' 176
  'Letitia' 176
Verbena (Verbene) 55
  bonariensis 136, 187, 212, *213*,
    234
  'Lawrence Johnston' 212
  'Sissinghurst' 212
Vergissmeinnicht *siehe Myosotis*
Veronica (Ehrenpreis)
  austriaca 'Crater Lake Blue' 125
  austriaca 'Ionian Skies' 55

prostrata 'Spode Blue' 55
Viola (Veilchen) 52–55, 60, 135
    'Ardross Gem' 52f., 106, *107, 234*
    'Belmont Blue' 170, *170*
    'Irish Molly' 53, *53*
    'Maggie Mott' 54, 106
    'Molly Sanderson' 54f., 64, 106
    'Nellie Britton' 53, 106
    'Rebecca' 28, *28*
    riviniana Purpurea-Gruppe 104,
       104
    'Vita' 53

W

Waldmeister *siehe Galium odoratum*
Wiesenkerbel *siehe Anthriscus*
    sylvestris
Wiesenknäuelgras *siehe Dactylis*
    glomerata
Wiesenraute *siehe Thalictrum*
Winterling *siehe Eranthis hyemalis*
Wolfsmilch *siehe Euphorbia*
Wollziest *siehe Stachys byzantina*
Wurmfarn *siehe Dryopteris*

Z

Zantedeschia aethiopica (Calla)
    'Apple Court Babe' 108
    'Crowborough' 108, *109, 234*
    'Green Goddess' 108
Zierkohl *siehe Brassica oleracea*
Zierlauch *siehe Allium*
Ziertabak *siehe Nicotiana*
Zinnia (Zinnie) 118, 122–124, 183
    Allsorts 168, *168*
    elegans 124
    'Envy' 124

'Giant Flowered Mix' 124, *124*
pauciflora 124
'Scabious Flowered' 124
'Starbright Mixed' 122
'Tufted Exemption' 124
Zittergras *siehe Briza maxima*
Zweizahn *siehe Bidens*

Dank

Dank der Autorin

Ein Buch ist Teamarbeit, und bei Dorling Kindersley hatte ich ein traumhaftes Team: Meine kluge Lektorin, Pamela Brown, mit ihrer unerschöpflichen Energie und Entschlossenheit, und Peter Luff, der das Buch gestaltete und mit seinem klaren Blick dafür sorgte, dass es nicht nur leicht zu benutzen, sondern auch elegant ist. Außerdem möchte ich dem Fotografen Jonathan Buckley danken. Er nahm große Mühen auf sich, um die Pflanzen für die Pflanzenporträts zu finden, und seine Kunst steigert die Qualität des Buches erheblich. Dank schulde ich wie immer auch Christopher Lloyd und Fergus Garrett, Great Dixter, Sussex, die der viele Pflanzen zogen, die Jonathan fotografierte.

Dank des Verlages

Wir danken Hilary Bird für das Verfassen des Registers und Tanis Smith für die Redaktionsassistenz, sowie Kelways Ltd. dafür, dass sie Pfingstrosen und Iris für die Fotos zur Verfügung gestellt haben.

Bildnachweis

Der Verlag möchte folgenden Personen und Institutionen für die Überlassung von Bildmaterial danken: (Abkürzungen: t=oben, b=unten, r=rechts, l=links, c=Mitte)
A-Z Botanical Collection: Darryl Sweetland 80br; Ron Bass 160br; Dan Sams 172br; Archie Young 176br; Adrian Thomas 200br
Deni Bown: 74bl, 138br, 154bl
Jonathan Buckley: 1, 2, 7tl, 10, 18, 20, 42br, 45, 46, 49, 57, 62, 67, 68, 72br, 73, 86bl, 97, 108bl, 111, 112, 119, 123, 124, 133, 145, 156br, 157, 164br, 168bl, 179, 183, 187, 190, 206bl, 207, 210bl, 218tl, 218tr, 223tl, 224tc, 231br.
Chelsea Garden Picture Library: 166br.
Neil Fletcher: 92bl, 148bl, 151, 212bl, 221tl
Mr Fothergill's Seeds: 204bl.
Garden Picture Library: Brian Carter 24bl; Chris Burrows 98br; Friedrich Strauss 194br; Howard Rice 56, 84bl, 162br, 175, 200bl, 231tl; J S Sira 7, 120, 163, 225tr; Jerry Pavia 90br, 102bl; Mark Bolton 98bl, 203, 220tl; Mayer/Le Scanff 106br; Mel Watson 58; Neil Holmes 28br, 32bl; Ron Evans 148br; Sunniva Harte 53, 88br, 115.
John Glover: 21, 28bl, 35, 39, 90bl, 107, 153, 170br, 221tr, 225tc, 227tc, 234tc.
Andrew Lawson: 3, 4tc, 9, 13, 16, 19, 34br, 38bl, 42bl, 50, 61, 72bl, 77, 78bl, 80bl, 82br, 82bl, 85, 95, 103, 109, 116, 127, 134, 141, 143, 144bl, 158br, 161, 180, 196bl, 198bl, 198br, 214l, 217tl, 217tc, 221tc, 225tl, 226tr, 230tc, 232tr, 234tr; Hadspen Gardens, Somerset 130.
Clive Nichols: 154br; Sir Terence Conran 212br.
Photos Horticultural: 26br, 30bl, 30br, 36br, 40bl, 86br, 94br, 104br, 106br, 174br, 202bl.
Picturesmiths Limited: 160bl.
Howard Rice: 94bl, 96bl, 100br, 146bl, 156bl, 208bl
Bob Rundle: 199, 217tr
Harry Smith Collection: 142bl, 150br.
Thompson & Morgan: 74br.
Steven Wooster: 24br, 32br, 38br, 174bl, 202br

Umschlagfotos

Vorderseite: Flowers and Foliage: Carol Sharp r; Richard Freestone l.
Rückseite: Christine M Douglas br; Andrew Lawson cl.
Buchrücken: Jonathan Buckley

Alle anderen Fotos © Dorling Kindersley.
Für weitere Informationen: **www.dkimages.com**